Geld vernünftig ausgeben

Dr. Orison Swett Marden war ein inspirierender amerikanischer Autor, der über das Erreichen von Erfolg im Leben schrieb und die Zeitschrift SUCCESS gründete. In seinen Schriften erörtert er Prinzipien und Tugenden des **gesunden Menschenverstandes**, die ein abgerundetes, erfolgreiches Leben ermöglichen. Viele seiner Ideen basieren auf der Philosophie des Neuen Denkens. Sein erstes Buch, *Pushing to the Front*, wurde sofort ein Bestseller. Später veröffentlichte Marden fünfzig oder mehr Bücher und Broschüren, im Durchschnitt zwei Titel pro Jahr.

Der Herausgeber DIPL.-MATH. KLAUS-DIETER SEDLACEK, Jahrgang 1948, studierte in Stuttgart neben Mathematik und Informatik auch Physik. Nach fünfundzwanzig Jahren Berufspraxis in der eigenen Firma widmet er sich nun seinen privaten Forschungsvorhaben. Darüber hinaus ist er der Herausgeber mehrerer Buchreihen.

Orison Swett Marden

Geld vernünftig ausgeben.

Über die richtige Art von Sparsamkeit

Aus dem Englischen übertragen und
herausgegeben von
Klaus-Dieter Sedlacek

ToppBook Ratgeber Bd. 11

Bibliografische Information der Deutschen Nationalbibliothek:
Die Deutsche Nationalbibliothek verzeichnet diese Publikation in der
Deutschen Nationalbibliografie; detaillierte bibliografische Daten
sind im Internet über dnb.dnb.de abrufbar

Übersetzung, Coverdesign, Satz in moderner Antiqua-Schrift:
Klaus-Dieter Sedlacek
https://toppbook.de

© 2020 Klaus-Dieter Sedlacek
Herstellung und Verlag: BoD – Books on Demand, Norderstedt

ISBN: 978-3-7526-4288-9

Inhaltsverzeichnis

I. SPARSAMKEIT, DIE VORAUSSETZUNG ALLER GRÖSSE

Der Begriff Sparsamkeit bezieht sich nicht nur auf Geldangelegenheiten, sondern auf alles im Leben - den klugen Umgang mit der Zeit, den klugen Umgang mit der eigenen Fähigkeit, der eigenen Energie, und das bedeutet umsichtig zu leben, sorgfältige Lebensgewohnheiten. Sparsamkeit ist der wirtschaftliche Umgang mit sich selbst, mit seiner Zeit, mit seinen Angelegenheiten, mit seinem Geld, die vernünftigstmögliche Verwendung dessen, was wir von allen Ressourcen des Lebens haben.

Sparsamkeit ist der Freund des Menschen, der Erbauer der Zivilisation. Die Praxis der Sparsamkeit verleiht dem Leben des Einzelnen und dem Leben der Nation eine Aufwärtstendenz; sie erhält und bewahrt das höchste Wohlergehen der Spezies.

Lord Rosebery, der über Sparsamkeit schrieb, - sagte, dass alle großen Imperien, die dazu geschaffen wurden, zu überdauern, sparsam sind.

"Nehmen Sie das Römische Reich, das in mancher Hinsicht als zentrales Reich das größte in der Geschichte war", sagte er, "es lag wie eine eiserne Klammer auf dem Angesicht der Welt: es war auf Sparsamkeit gegründet, und als es aufhörte, sparsam zu sein, degenerierte es und ging zu Ende. Nehmen Sie den Fall Preußen. Es begann mit einem kleinen, schmalen Sandstreifen im Norden Europas - "alles tut weh", wie jemand sagte, wegen seiner Form und der Tatsache, dass seine Bewohner fast ausschließlich bewaffnete Männer waren - und es wurde von der Sparsamkeit des Vaters von Friedrichs des Großen getragen, der durch seine sparsame Wirtschaftsweise einen enormen Vermögensbestand und ein riesiges Heer aufbaute, eine Wirtschaftsweise, die wir als armselig bezeichnen würden, die aber die Waffe war, mit der die Größe Preußens gegründet wurde und aus der das heutige Deutschland aufstieg. Nehmen Sie den Fall Frankreichs. Meiner bescheidenen Überzeugung nach ist Frankreich in Wirklichkeit eine der genügsamsten der Nationen. Ich bin mir nicht sicher, ob die Franzosen immer ihr Geld bei den Sparkassen deponiert haben, sodass sie im Verhältnis der Bankeinlagen zur gesamten Bevölkerung nicht so gut abschneiden wie manche andere; aber was geschah beispielsweise nach dem katastrophalen Jahr 1870, als Frankreich eine Zeit lang von einem ausländischen Feind und durch Reparationen erdrückt wurde, welche fast untragbar für jede Nation zu sein schienen? Die Sparstrümpfe der französischen Bauernschaft, in denen sie jahrelang ihre Ersparnisse aufbewahrt hatte, wurden in die Staatskasse geleert, und jene riesige Reparationsleistung und die Kriegskosten wurden in einer unglaublich kurzen Zeit amortisiert. Die beiden anderen Nationen, von denen ich gesprochen habe, wurden durch ihre Sparsamkeit geschaffen, aber Frankreich wurde durch seine Sparsamkeit gerettet".

Frankreich wurde durch seine Sparsamkeit gerettet, um die Demokratie zu retten! Jetzt haben wir die Gelegenheit und das Privileg, durch dieses großartige Beispiel sowohl im eigenen Haus als auch in der Nation eine solche Sparsamkeit zu etablieren, dass wir unsere Hilfe jedem Verbündeten großzügig gewähren können. Lassen Sie uns, jeder Einzelne von uns, gern seinen Teil dazu beitragen, unsere Verbündeten in der heutigen kritischen Weltlage zu unterstützen, damit sie als große Nationen bewahrt bleiben und ihre Zukunft als Mitglied der großen Nationen der Welt gesichert wird! Was jetzt gerettet ist, ist für dieses und für unser Land gerettet, für Frieden und für den Sieg der Zivilisation.

Sparsamkeit ist nicht nur einer der Grundsteine für ein Vermögen, sondern auch die Grundlage für vieles, was eine hervorragende Eigenschaft hat. Sie verbessert die Möglichkeiten des Einzelnen. Die Ausübung der Sparsamkeit hat eine sehr gesunde Wirkung auf alle Fähigkeiten. Sparsamkeit ist in vielerlei Hinsicht ein Zeichen von Überlegenheit. Die Gewohnheit zur Sparsamkeit steht für Selbstbeherrschung. Sie ist ein Beweis dafür, dass der Mensch kein hoffnungsloses Opfer seiner Begierden, seiner Schwächen ist, sondern dass er Herr seiner selbst und seiner Finanzen ist.

Wir wissen, dass ein sparsamer Mensch nicht schlampig sein wird, dass er ein gewisses Maß an Selbstdisziplin und Ordnung haben wird, dass er energisch und fleißig sein wird und dass er viel eher ehrlich sein wird als andere.

Sparsamkeit ist ein Erzieher. Ein sparsamer Mensch denkt und plant. Er muss ein Programm haben. Er muss ein gewisses Maß an Unabhängigkeit haben.

Wenn Sie Sparsamkeit kultiviert haben, bedeutet das, dass Sie die Fähigkeit gezeigt haben, Ihre Wünsche zu kontrollieren; dass Sie begonnen haben, sich selbst zu beherrschen, dass Sie einige der großartigsten menschlichen Qualitäten entwickeln - Selbstständigkeit, Unabhängigkeit, Umsicht, Voraussicht; dass Sie Ihren Einfallsreichtum, Ihren Erfindungsreichtum entwickeln. Mit anderen Worten, es zeigt an, dass Sie einen Sinn im Leben gefunden haben, dass Sie ein wahrer Mensch sind.

"Sparsamkeit erfordert weder überlegenen Mut, noch überlegenen Intellekt, noch irgendeine übermenschliche Tugend", sagte ein Schriftsteller zu diesem Thema. "Sie erfordert lediglich gesunden Menschenverstand und die Kraft, egoistischen Vergnügungen zu widerstehen. Tatsächlich ist Sparsamkeit in der alltäglichen Arbeitshandlung nur gesunder Menschenverstand. Sie braucht keine inbrünstige Entschlossenheit, sondern nur ein wenig geduldige Selbstverleugnung. Der Beginn ist ihr Werkzeug! Je mehr die Gewohnheit der Sparsamkeit praktiziert wird, desto leichter wird sie und desto eher entschädigt sie den Selbstverleugner für das Opfer, das er sich auferlegt hat".

II. Eine Sicherung der Zukunft.

Herbert Spencer sagte, dass der Hauptunterschied zwischen dem wilden und dem zivilisierten Menschen in der mangelnden Weitsicht des Ersteren liegt. Ungeachtet der Härten des primitiven Lebens lernt der Wilde dennoch langsam, Selbstverzicht zu üben, um für zukünftige Eventualitäten vorzusorgen. Angesichts der reichlichen Vorsorge für das Heute hat er keine Angst vor der Ungewissheit von morgen.

Es ist die Pflicht eines jeden, über die Zukunft nachzudenken, sich ein angenehmes Alter vor Augen zu halten.

Der Besitz von gespartem Geld verleiht eine Unabhängigkeit, die zu mehr Leistung anregt, ebenso wie sie eine Absicherung für die Zukunft darstellt. Es ermöglicht einem Menschen, mit mehr Selbstvertrauen zu arbeiten, nach oben und nicht nach unten zu schauen, sich über seine Umgebung zu erheben und sich nicht von ihr nach unten ziehen zu lassen.

Wenn wir ein wenig Geld gespart haben, weckt es Begeisterung, etwas hinzuzufügen. Es ist ein immerwährender Anreiz zum Sparen. Es macht es ein wenig einfacher, "Nein" zu sagen, wenn man dazu neigt, unüberlegt Geld auszugeben oder für Dinge, die sich wirklich nicht lohnen. Seine kleinen Ersparnisse haben so manchen jungen Mann davor bewahrt, in Versuchungen zu geraten, durch welche er vielleicht beeinträchtigt oder ruiniert worden wäre.

Der kleine Unterschied zwischen dem, was wir verdienen und dem, was wir ausgeben, ist Kapital, es ist ein Vermögenswert. Ersparnisse bieten einem jungen Paar, das gerade ein Haus gründet, wunderbare Möglichkeiten. Gespartes Geld bedeutet ein besseres Zuhause, mehr Komfort. Es bedeutet ein bisschen mehr Unterhaltung und bessere

11

Bücher und Zeitschriften. Es bedeutet einen möglichen späteren Universitäts-Studiengang für die Kinder und Schutz für das Alter. Es bedeutet eine Gelegenheit, anderen - vielleicht unserem Land - zu helfen, wenn der Appell kommt. Es bedeutet gesunden Schlaf, weniger Sorgen und weniger Angst vor der Zukunft; es bedeutet Befreiung vom Schrecken des Lebens, von Angst vor zukünftigen Bedürfnissen, Angst davor, dass die Menschen, die uns lieb sind, einen Mangel an Lebensqualität erleiden könnten. Es kann den Unterschied zwischen einem geschickten Chirurgen oder Arzt und einem Stümper ausmachen, wenn es um Leben oder Tod geht, wenn die Krankheit in unser Haus eindringt.

Ich kenne einen sehr brillanten jungen Mann, der sehr viel Geld verdiente, der aber so viel Vertrauen in seine weitere Verdienstmöglichkeit hatte, dass er im Laufe seines Lebens leichtsinnig jeden Cent ausgab. Plötzlich wurde seine junge Frau ernsthaft krank, und um ihr Leben zu retten, war er gezwungen, einen renommierten Chirurgen mit einer sehr heiklen und gefährlichen Operation zu beauftragen. Da der Chirurg erst dann operieren wollte, wenn ihm sein Honorar zugesichert wurde, war der junge Mann gezwungen, die notwendige Summe zu leihen, die sehr hoch war. Das Leben seiner Frau konnte gerettet werden, aber ihre anhaltende Krankheit und die Erkrankung ihrer kleinen Kinder, zusammen mit der finanziellen Belastung und den Ängsten, beeinträchtigten die Gesundheit des jungen Mannes so sehr, dass seine Erwerbsfähigkeit für viele Jahre gemindert war. In der Tat war seine Karriere sehr schwer behindert, und er und seine Familie mussten viele Entbehrungen hinnehmen, weil ihnen das nötige Geld fehlte, um über ihre Schwierigkeiten hinwegzukommen. Dieser junge Mann hätte leicht Tausende Dollar in einem einzigen Jahr vor der Krankheit seiner Frau sparen können, aber er hielt es nicht für notwendig und glaubte daran, seinen Lebensunterhalt im weiteren Verlauf sichern zu können. Er dachte nicht an die Zukunft.

Wir können nie sagen, wann Krankheit oder Unfall unsere Erwerbsfähigkeit beeinträchtigen kann oder wann ein unvorhergesehener Notfall einen unerwarteten Appell an uns richten könnte. Zehntausende von Müttern und Kindern haben alle möglichen Nöte ertragen, weil der Vater nie Geld für einen Notfall angelegt hat, und als dieser eintrat, gab es kein Sparguthaben, um ihnen über die Zeit des Stresses hinwegzuhelfen.

In einer Rede zum Thema "The Greater Thrift (Die größere Sparsamkeit)", die vor der National Education Association in New York gehalten wurde, gab S. W. Strauss, Präsident der *American Society for Thrift*, diese Erklärung ab: "Die Aufzeichnungen der Nachlassgerichte zeigen, dass von hundert Männern, die sterben, drei ein Vermögen von mehr als 100.000 Dollar hinterlassen. Fünfzehn weitere hinterlassen Nachlässe von zwanzig- bis hunderttausend Dollar. Zweiundachtzig von hundert Männern hinterlassen überhaupt keine einkommenswirksamen Nachlässe. So bleiben von hundert Witwen nur achtzehn in guten oder komfortablen Verhältnissen zurück. Siebenundvierzig andere sind gezwungen, arbeiten zu gehen, und fünfunddreißig bleiben in absoluter Not".

"Ich habe wenig Respekt vor dem Mann, der sich nicht in die Lage versetzt, genügend materielle Mittel bereitzustellen und zu sparen, um diejenigen, die von ihm abhängig sind, bequem zu unterstützen", sagt Colonel Roosevelt. "Es ist die heilige Pflicht eines jeden Mannes, einen bestimmten Prozentsatz seines Einkommens zum Schutz derer, die von ihm abhängig sind, zu investieren. Es geht nicht so sehr um die Frage, ob es sich dabei um eine gute geschäftliche Investition handelt; es ist eine Pflicht, eine heilige Pflicht, und er wird denen, die er liebt, grausam ungerecht gegenüber sein, wenn er es zulässt, dass sie ein Risiko eingehen, dessen Eingehen er persönlich, im Bewusstsein seiner Stärke und Macht, selbst verursacht haben dürfte. Darüber hinaus muss das Gefühl, dass die, die ihm am meisten am Herzen liegen, für den Fall seines Todes oder eines Unglücks, das durch veränderte Bedingungen oder schlechtes Management auf sein Gewerbe zukommen kann, versorgt sind, jedem Menschen eine ungeheure Befriedigung verschaffen".

Ich kenne nichts anderes, was an die Stelle von ein wenig bereitgestelltem Geld im Notfall treten könnte; etwas, das ein Puffer zwischen uns und den rauen Schlägen der Welt sein wird. Niemand, der es sich überhaupt leisten kann, sollte ohne einen solchen Puffer sein.

Wenn man nicht sparsam mit seinem Geld, mit seiner Zeit umgeht, ist man nicht auf Erfolg eingestellt. Natürlich gibt es viele gute, liebenswerte Menschen, oft Genies in irgendeiner Richtung, denen es völlig an Geldwerten fehlt und die Geld - wenn sie es haben - rücksichtslos ausgeben. Aber gerade insofern, als sie es versäumen, kluge Vorkehrungen für den morgigen Tag zu treffen, sind sie unausgewogen und dem primitiven Wilden ebenbürtig.

Menschen, die sich der kleinen Entbehrungen scheuen, die es nicht ertragen können, sich selbst etwas zu verweigern, die aber von ihren Impulsen geleitet werden, die nicht bereit sind, manchmal auf ein wenig vorübergehende Freude zu verzichten, um etwas für die Zukunft beiseitezulegen, **werden immer benachteiligt sein**.

Wie viele großartige Gelegenheiten verlieren wir im Leben aus Mangel an ein wenig Bargeld, nur weil wir alles ausgegeben und nichts beiseitegelegt haben! Schaffen Sie sich ein wenig Geld auf Vorrat, etwas auf der Bank, stecken Sie Ihre Ersparnisse in eine Versicherung oder eine andere gute, solide Anlage, - es gibt heute nichts Sichereres und

Besseres als Staatsanleihen - um im Notfall Schutz zu bieten.

Ich kenne einen sehr brillanten Mann mit bemerkenswerter Verdienstmöglichkeit, aber ohne Sparvermögen, der eine Gelegenheit verpasst hat, die ursprünglichen Bell-Telefonaktien, bevor sie in die Höhe geschossen sind, für fünfzig Cent pro Aktie zu kaufen. Die Gelegenheit bot sich ihm, aber er musste "Nein" sagen, weil er alles ausgegeben hatte, während er weitermachte. Er hat eine Menge Geld verdient, aber er ist immer "hart im Nehmen" und leiht sich ständig Geld von seinen Freunden.

Die Macht des verfügbaren Geldes wird von jungen Männern und jungen Frauen in der Regel nicht halbwegs geschätzt. Dies ist ein Land der Möglichkeiten, und gute Chancen kommen ständig zu denen, die das Geld zur Verfügung haben. Wie oft hören wir Menschen, die als Entschuldigung dafür, eine seltene Gelegenheit für Investitionen nicht zu ergreifen, darauf plädieren, dass sie kein verfügbares Geld hätten. Es gibt immer viele Gelegenheiten, wenn man nur eine kleine Reserve zur Verfügung hat.

Jeder junge Mensch sollte vorausschauend und klug genug sein, um einen Teil seiner Ersparnisse bereitzuhalten, nicht nur, um sich im Falle von Krankheit, Tod oder Notfall vor jedem möglichen Mangel zu bewahren, sondern auch, um einen Neuanfang zu ermöglichen, vorausgesetzt, auf ihn sollten unerwartete Probleme zukommen. Ohne eine solche Rücklage kann er jahrelang beeinträchtigt sein, insbesondere wenn er eine Familie hat, die von ihm abhängig ist.

Ein relativ kleiner Betrag an verfügbarem Geld hat in einem Panik- oder Notfall schon so manches festgelegte Vermögen gerettet. Im Leben der meisten Menschen gibt es Zeiten, in denen sie über liquide Mittel verfügen müssen, und zwar sofort. Vielleicht würden zehntausend Dollar in bar den Unterschied zwischen Erfolg und Misserfolg ausmachen, und weil sie die zehntausend Dollar nicht haben, scheitern sie und werden oft Opfer der Verzweiflung.

Es ist sehr schwierig, wieder Fuß zu fassen, nachdem man einmal den Halt verloren hat, besonders im mittleren Lebensabschnitt! Viele Arbeitgeber schauen mit Misstrauen auf graue Haare, die auf der Suche nach einer Existenzgrundlage sind. Sie denken, dass irgendwo etwas nicht stimmt, wenn ein in die Jahre gekommener Mensch nichts zwischen sich und Mangel hat.

Die Erkenntnis, dass die besten Jahre, die produktivsten Jahre seines Lebens vorbei sind und kein Schutz für das Alter bleibt, ist sicherlich entmutigend.

Die Welt sieht ganz anders aus für den Menschen, der etwas für einen Notfall, für Krankheit oder für Annehmlichkeiten im Alter beiseitegelegt hat, als für den Menschen, der nichts vor sich liegen hat. Der Mann, der spart, versichert sich gegen alle möglichen Unglücksfälle, die ihm und seinen Lieben in der Zukunft widerfahren könnten. Er baut um sein Zuhause eine Mauer des Schutzes vor Beleidigungen, vor unfreundlicher Behandlung, vor kaltem Egoismus anderer.

III. Der Mensch, dem man vertrauen kann.

Bevor die Menschen jemandem Kapital zur Verfügung stellen, bevor Bankiers ihm Geld leihen oder Arbeitgeber ihm einen Kredit geben, wollen sie wissen, was für ein Mensch er ist. Sie werden sich nach seinen Gewohnheiten erkundigen, denn sie wissen, dass diese seinen Charakter bestimmen.

"Ist er eine stabile Persönlichkeit? Spart er sein Geld? Hat er sich an Sparsamkeit gewöhnt? Kann man sich auf sein Wort verlassen? Hat er gute Geschäftsfähigkeiten? Ist er fleißig und sachlich?" Dies sind die ersten Fragen, die ein Bankier stellen wird, wenn er einen Kreditantrag bearbeitet. Dasselbe gilt für Berufstätige, die einen Kredit beim Arbeitgeber beantragt haben. Geschäftsleute wissen, dass es ziemlich sicher ist, einem jungen Menschen zu vertrauen, der die Gewohnheit zur Sparsamkeit entwickelt hat, der auf seine Zeit, seine Gesundheit, seine Ersparnisse achtet.

Die Eigenschaft, die das Vertrauen der anderen in einen jungen Menschen stärkt und seine Kreditwürdigkeit enorm steigert, ist der Ruf der Stabilität, des gesunden Urteilsvermögens in geschäftlichen Angelegenheiten. Wenn ein Mensch dafür bekannt ist, dass er in Geldangelegenheiten nachlässig ist, wenn er nicht pünktlich zahlt, wenn er zu Glücksspielen neigt und nicht die Fähigkeit besitzt, sein Geld zu bewahren, wird er sehr hart kämpfen müssen, um einen Kredit zu bekommen oder sich selbstständig zu machen.

Jeder gesunde Geschäftsmann weiß, dass man ihm kein Geld anvertrauen kann, wenn er sich nicht beherrschen kann; wenn er der Versuchung nicht widerstehen kann, jedes bisschen seines Einkommens, vielleicht sogar noch mehr, auf unnötige Weise, in törichter Sorglosigkeit auszugeben. Der Mann, der nicht an seinem Geld festhalten kann, der es vorschnell ausgibt, egal wie ehrlich er ist, ist immer ein leicht zu übervorteilendes Opfer der anderen, die ihn und seine Leichtgläubigkeit ausnutzen.

Nichts wird einem jungen Mann mehr helfen, Kredit zu bekommen und die Hilfe erfolgreicher Menschen zu gewinnen, als der Ruf, die Angewohnheit zu haben, zu sparen, - etwas beiseitegelegt zu haben, sei es in Staatsanleihen, in einer Lebensversicherung oder in einer anderen Geldanlage. Solche Sparsamkeit verleiht ihm Ansehen.

Ein prominenter Geschäftsmann sagt: "Gebt mir den jungen Mann, der spart, damit sich dieser Mensch für mich lohnt."

Jeder Arbeitgeber weiß, dass der Arbeitnehmer, der es immer wieder schafft, etwas von seinem Gehalt zu sparen, andere Qualitäten hat, denn Sparsamkeit gehört zu den besten und vorzüglichsten Eigenschaften einer großen Familie.

Der Mann, der ein angemessenes Gehalt hat, aber nichts zurücklegt, wird mit Misstrauen betrachtet, entweder hinsichtlich seiner Fähigkeiten oder seiner Gewohnheiten. Besonnene Geschäftsleute denken immer gut über junge Menschen, die, egal wie wenig sie verdienen, es irgendwie schaffen, einen Teil davon zu sparen. Unsere Ersparnisse sind eine Macht, nicht nur wegen des Geldes, das sie darstellen, sondern weil sie von Selbstverleugnung, gutem Urteilsvermögen und Wirtschaftlichkeit zeugen.

Allein die Tatsache, dass ein junger Mensch den Weitblick hat, nach vorn zu schauen, für die Zukunft, für andere oder gegen Unglücksfälle vorzusorgen, zeigt, dass er über gute Eigenschaften des Verstandes und des Herzens verfügt und dass er ein guter Bürger und Nachbar ist. Die Menschen haben Vertrauen in ihn. Der Ruf, vorausschauend und ein guter Bürger zu sein, bedeutet mehr Kredit, mehr Kapital, mehr Einfluss.

Doch es gibt junge Leute, die so töricht sind, sich damit zu brüsten, alles auszugeben, was sie kriegen können, und dass sie immer verschuldet sind. Und es gibt Tausende von jungen Menschen mit guten Gehältern - einige von ihnen mit sehr hohen Gehältern -, die nie daran denken, auch nur einen Dollar zurückzulegen. Sie sehen in ihren Gehältern nie etwas anderes als eine "gute Zeit", und sie entwickeln nie die Gewohnheit der Sparsamkeit. Fragen Sie sie, wie es ihnen geht, und sie werden sagen: "Oh, ich komme gerade so über die Runden", "ich verdiene nur meinen nötigsten Lebensunterhalt".

Einfach nur seinen Lebensunterhalt zu verdienen, ist kein Auskommen, und es ist keine ausreichende Empfehlung.

Bacon sagt, dass ein Mann, der gut von seinem Einkommen leben kann, nicht mehr als die Hälfte ausgeben und den Rest sparen sollte.

Ich kannte einen jungen Mann, der viele Jahre lang ein gutes Gehalt bekam und der nie einen Dollar gespart hatte, aber immer die Absicht hatte zu sparen. Jedes Jahr dachte er, er würde zumindest einige Hundert Dollar von seinem Gehalt sparen, aber am Ende des Jahres stellte er immer fest, dass sein ganzes Geld weg war.

Eines Tages fragte ihn jemand, was er im vergangenen Jahr mit seinem Gehalt gemacht habe. Das machte ihn nachdenklich. Bis zu diesem Zeitpunkt hatte er nie über seine Ausgaben Buch geführt; aber er setzte sich hin und begann, seine notwendigen Ausgaben zu ermitteln, und stellte fest, dass sie nicht einmal einem Viertel seines Gehalts entsprachen. Drei Viertel seines gesamten Verdienstes hatte er für Vergnügungen und Kleinigkeiten ausgegeben. Na also, er beschloss auf der Stelle, die Hälfte seines Gehalts zu sparen, und eröffnete sofort ein Konto bei einer Sparkasse und zahlte ein, was er hatte. Er machte nicht den fatalen Fehler, den viele machen, zu warten, bis er eine große Summe einzahlen konnte.

In kurzer Zeit war dieser junge Mann nicht nur überrascht zu sehen, wie einfach es war, zu sparen, wenn man ein starkes Motiv hatte, sondern er war auch überrascht über die Freude, die er am Sparen, am Wachsen seines Kontos und an der Planung für ein eigenes Haus und den Aufbau eines eigenen Geschäfts hatte. Am Ende des ersten Jahres hatte er ein hervorragendes Guthaben auf der Bank, und doch konnte er nicht erkennen, dass ihm ein Vergnügen entgangen war, das ihm wirklich von Nutzen gewesen wäre. Er hatte Gewohnheiten aufgegeben, die ihm abträglich waren und die ihn nur dazu brachten, sich für den Genuss dieser Gewohnheiten zu hassen, und mit seiner zunehmenden Selbstachtung hatte er sich die Gewohnheit angeeignet, zu lesen und sich zu entwickeln. Jeder, der ihn kannte, bemerkte die große Veränderung in seinem Äußeren, und es dauerte nicht lange, bis ihm eine Partnerschaft in einem guten Unternehmen angeboten wurde.

"Ich bin oft gebeten worden", sagt ein prominenter Geschäftsmann, "das wahre Geheimnis des Erfolgs zu definieren. Es ist Sparsamkeit in all ihren Phasen, und besonders Sparsamkeit, wenn es um das Sparen geht. Sparen ist das erste große Prinzip des Erfolgs. Es schafft Unabhängigkeit, es gibt einem jungen Menschen Stehvermögen, es erfüllt ihn mit Kraft, es regt ihn mit der richtigen Energie an; es bringt ihm in der Tat das Beste überhaupt an Erfolg - Glück und Zufriedenheit".

Ganz gleich, wie gut es Ihnen in Ihrem Geschäft geht oder wie hoch Ihr Gehalt ist, geben Sie nicht alles auf einmal aus, denn Ihre effektivsten Jahre dauern nicht sehr lange, und wenn Sie alles ausgeben, was Sie in diesen Jahren verdienen, wie können Sie dann im Alter Komfort und Leichtigkeit erwarten?

Vielleicht leistet die große Mehrheit der Menschen ihre beste Arbeit und verdient den größten Geldbetrag während fünfzehn oder zwanzig Jahren. Ihr zukünftiger Komfort und Ihr Glück hängen von dem Überschuss Ihrer produktivsten Jahre ab. Riskieren Sie nicht zu viel für Ihre Zukunftsaussichten. Sparen Sie heute. Riskieren Sie nicht Ihr Zuhause. Sorgen Sie für eine sichere Sache. Kümmern Sie sich nicht um die kleinen Opfer, die Sie heute bringen. Sie können sie sich um der Zukunft willen leisten.

Machen Sie eine gusseiserne Regel: Legen Sie jedes Jahr einen bestimmten Prozentsatz Ihres Verdienstes beiseite. Egal, wie klein er auch sein mag, oder wenn Sie auf sehr viele Dinge verzichten müssen, von denen Sie glauben, dass Sie sie brauchen, legen Sie einen bestimmten Prozentsatz Ihres Verdienstes dort an, wo er absolut sicher ist. Ein Sparvertrag ist ein sicheres Fundament, auf dem Sie Ihr Glück und Ihr Wohlergehen aufbauen können. Sie werden feststellen, dass es eine große Genugtuung ist, nicht nur Ihre kleinen Ersparnisse wachsen zu sehen, sondern auch zu wissen, dass solche kleinen Anlagen von Ihrer Seite, so klein sie auch sein mögen, Ihrem Land helfen, seine Lasten in einer kritischen Zeit zu tragen.

Die große Mehrheit der Menschen ist nicht in der Lage, große Dinge zu tun - es wäre für sie unmöglich, eine beträchtliche Summe auf einmal aufzubringen - aber die große Masse der Menschen kann **einen kleinen Teil ihres Einkommens** oder ihrer Gehälter beiseitelegen und so für die Zukunft vorsorgen.

IV. Können Sie selber für sich sorgen?

Das Wichtigste, was jeder wissen muss, ist, wie man sich finanziell selbst versorgt - wie man Geld verdient und verwendet. Es spielt keine Rolle, wie viel Sie wissen oder wie gebildet Sie sind, wenn Sie sich nicht selbst versorgen oder finanzieren können, dann stimmt etwas mit Ihrer Ausbildung und Ihrem Training nicht; Sie sind schlecht, egal wie talentiert Sie in anderer Hinsicht sind.

Eine der erbärmlichsten Phasen des amerikanischen Lebens besteht darin, dass so viele Menschen ein unglückliches, erbärmliches Leben führen, weil ihnen in ihrer Jugend nicht beigebracht wurde, wie sie sich selbst versorgen oder ihren Lebensunterhalt selbst verdienen können. Wie viele Tausende unserer jungen Frauen von einst waren dem Zufall ausgeliefert, weil sie in dieser Hinsicht nicht ausgebildet waren! Von Kindheit an wurde ihnen die Idee eingeflößt, dass sie, wenn sie "erwachsen" werden, heiraten sollten. Ob sie heiraten sollten oder nicht, ungeachtet der besonderen Begabung, die sie für Geschäft oder für einen Beruf, unabhängig davon, ob sie eine besondere Mission für die Welt hatten, sollten sie nach einem Ehemann Ausschau halten. Es wurde weder für notwendig noch für wünschenswert erachtet, dass die Tochter eine spezielle Ausbildung erhält, die sie für eine berufliche oder unabhängige Karriere geeignet macht. Als abhängige Kreatur aufgezogen, war das Mädchen von einst eine Art Kletterpflanze, die zu der Vorstellung erzogen wurde, dass sich jemand um sie kümmern würde, soweit es um ihren Lebensunterhalt ging; dass ihr Vater bis zu ihrer Heirat auf sie aufpassen würde, und dann würde ihr Ehemann den Rest erledigen.

Stellen Sie sich die Lage eines Mädchens mit Selbstachtung vor, das vielleicht weder den Wunsch noch die Möglichkeit hatte, zu heiraten, als es die Reife erlangte und das

Gefühl hatte, dass seine Eltern von ihr erwarteten, dass sie die Unterstützung ihres Vaters aufgeben sollte, aber dann erkannte, dass sie völlig unfähig war, dies zu tun! Man hatte ihr nie beigebracht, ihren Lebensunterhalt zu verdienen, was sollte sie unter solchen Umständen tun? Sie stellte fest, dass sie immer älter wurde und nicht heiraten wollte, doch es schien ihr nichts anderes übrig zu bleiben.

Für diejenigen, die eine moderne Einstellung haben, gibt es viele nützliche Karrieren neben der Ehe, die dem Mädchen von heute offen stehen. Beispielsweise bietet die Armee den Frauen neue und wunderbare Möglichkeiten, und sie entwickeln einen wunderbaren Einfallsreichtum, Erfindungsreichtum und enorme Fähigkeiten, von denen sie nie zuvor geträumt hätten, sie zu besitzen. Diese neue Perspektive für die Frau, mit ihrer neuen Unabhängigkeit, ihrer neuen Selbstständigkeit, wird ihr eine Chance geben, die sie nie zuvor hatte. Das gebildete Mädchen von heute weiß, dass sie überhaupt nicht verpflichtet ist zu heiraten, es sei denn, es liegt ein lauter, unmissverständlicher Ruf in ihrem Wesen vor, aber darüber sollte sie selbst entscheiden.

Die Tatsache, dass sie völlig unausgebildet waren, um ihren Lebensunterhalt zu verdienen; oder bestenfalls nicht ausreichend ausgebildet, um es zu ermöglichen, dass sie mehr als den minimalen Lebensunterhalt verdienen können, hat sich auf viele vielversprechende junge Menschen verheerend ausgewirkt.

Es gibt heute viele Frauen, die sich vollkommen unglücklich fühlen, weil ihr ganzes Wesen sich gegen die Idee der Ehe aufgelehnt hat, aber sie waren praktisch gezwungen, das Haus zu verlassen, und sie glaubten, dass keine andere Tür für sie offen stünde. Sie waren nie in einem Beruf ausgebildet worden, der ihnen Unabhängigkeit garantieren würde. Ist es überraschend, dass solche Frauen sich als ineffiziente, verschwenderische Ehefrauen erweisen und als Witwen nicht in der Lage sind, sich selbst zu versorgen?

Meiner Meinung nach ist es nicht nur grausam, sondern wirklich ein Verbrechen, ein Mädchen, wenn sie hoffnungslos ineffizient ist, in die Welt hinauszuzwingen, um ihren Lebensunterhalt zu verdienen, oder einen Mann zu heiraten, der völlig ungeeignet ist, sie glücklich zu machen oder der Vater ihrer Kinder zu sein, der Kopf einer Familie.

Eltern, macht euer Mädchen selbstständig, damit die Männer wissen, dass sie von keinem abhängig ist, dass sie nicht nur ihren Lebensunterhalt verdienen kann, sondern dass sie aufgrund ihrer Ausbildung und fachlichen Kompetenz in einer bestimmten Branche durchaus in der Lage ist, eine Karriere von Rang und Namen zu machen! Die meisten Mädchen sind genauso stolz darauf, sich einen ihren Fähigkeiten entsprechenden Ruf zu erwerben, wie die Männer, und sie sollten die gleichen Chancen haben wie ihre Brüder, ihre beruflichen Möglichkeiten zu entwickeln.

So manches kultivierte Mädchen ist durch das Versagen oder den Tod ihres Vaters plötzlich auf sich allein gestellt und völlig unfähig, seine Angelegenheiten zu regeln oder seinen Lebensunterhalt zu verdienen. Viele Frauen werden, wenn ihre Männer plötzlich sterben, mit geschäftlichen Verpflichtungen zurückgelassen, die sie völlig überfordern. Sie sind der Gnade der Anwälte oder der unehrlicher Geschäftsleute ausgeliefert, die wissen, dass sie in ihren Händen nur Babys sind, wenn es um wichtige geschäftliche Transaktionen geht.

Geschäftliches Talent ist so selten wie ein Talent für Mathematik. Wir finden Jungen und Mädchen, die aus der Schule und von der Universität kommen, voller Theorien und allerlei Wissen oder auch nur ein paar Brocken Wissen, aber ohne die Fähigkeit, sich vor kriminellen Machenschaften zu schützen, die versuchen, etwas umsonst zu bekommen. Keinem Mädchen oder Jungen sollte es erlaubt sein, seinen Abschluss zu machen, vor allem nicht an einer der höheren Institutionen, ohne sich in praktischen Geschäfts- methoden auszukennen. Eltern, die ihre Kinder in das Le- ben hinausschicken, ohne zu sehen, dass sie sich in den üb- lichen Geschäftsprinzipien gut auskennen, tun ihnen unab- sehbares Unrecht.

Tausende von Mädchen werden mit einer so genannten abgeschlossenen Ausbildung in die Welt hinausgeschickt, ohne dass sie auch nur eine ordnungsgemäße Quittung für Geld ausstellen können, ganz zu schweigen davon, dass sie einen Schuldschein, einen Kaufvertrag aufstellen oder ei- nen Wechsel zeichnen können oder die Bedeutung und Wichtigkeit von Geschäftsverträgen verstehen. Eine solche Frau legte dem Kassierer ihrer Bank einen Scheck zur Zah- lung vor. Er reichte ihn ihr mit der Bitte zurück, den Scheck zu indossieren. Die Dame schrieb auf die Rückseite des Schecks: "Ich habe seit vielen Jahren mit dieser Bank Ge- schäfte gemacht, und ich glaube, dass alles in Ordnung ist. Mrs. James B. Brown."

Wenn jedes Kind in Amerika eine gründliche kaufmänni- sche Ausbildung hätte, wären Zehntausende von angebli- chen Beratern und Förderern, hochnäsige, gerissene Intri- ganten, die von der Unwissenheit des Volkes leben, aus dem Berufsleben ausgeschieden.

Da, wie wir in einem vorhergehenden Kapitel gesehen haben, nur achtzehn von hundert Witwen unabhängig sind, siebenundvierzig gezwungen sind, arbeiten zu gehen, und die übrigen fünfunddreißig in absoluter Not bleiben, ist es klar, dass jede Frau, ob verheiratet oder ledig, wissen sollte, wie sie sich selbst unterhalten und finanziell versorgen kann. Die Notwendigkeit dafür wird in dieser kritischen Phase der Weltgeschichte deutlicher denn je, wenn der männliche Teil der Familie aus dem Haus geholt wird. Es ist ebenso unerlässlich, das Mädchen zur Selbstversorgung auszubilden wie den Jungen.

Welch bedauernswerte Fälle sehen wir oft von jungen Ehefrauen, die aufrichtig und ehrlich sind, die aber vor ihrer Ehe praktisch keine Ausbildung in der eigenen finanziellen Situation oder im Umgang mit Geld hatten, die unschuldig extravagante Gewohnheiten in der Kleidung entwickeln und sich für Luxusgüter verschulden! Wie oft finden wir diese jungen Frauen mit mäßig bezahlten Ehemännern, die in Restaurants teure Gerichte bestellen, in Taxis fahren und alle möglichen Dinge tun, die überhaupt nicht zum kleinen Einkommen ihrer Ehemänner passen!

Vor nicht allzu langer Zeit erzählte mir eine verheiratete Frau, dass es ihr in den Jahren, als ihr Vater alle ihre Rechnungen mit Schecks bezahlte, nie in den Sinn gekommen sei, dass sie, wenn sie einen eigenen Hausstand hat und ihr Einkommen begrenzt ist, wenn sie tausend Dollar für ein Kleid bezahlt, sich nicht auch noch einen Hut für fünfhundert Dollar leisten kann, wie sie es vor der Ehe gewohnt war. Sie sagte, sie habe schrecklich darunter gelitten, sich an das begrenzte Einkommen ihres Mannes anzupassen, weil sie nicht früh genug im Umgang mit Geld geschult worden sei. Sie sei mit dem Gedanken aufgewachsen, dass, wann immer sie etwas wolle, ihr Vater dafür bezahlen würde. Das war einige Jahre her; sie konnte anscheinend das richtige Verhältnis für ihre persönlichen Ausgaben herausfinden. Sie sagte, es sei ihr nie zuvor aufgefallen, dass sie, **wenn sie ihr Geld für eine Sache ausgab, es nicht ein zweites Mal für etwas anderes verwenden konnte.**

Die kluge Ausgabe von Geld für sparsame Lebensgewohnheiten ist eine Angelegenheit, in der jedes Mädchen gut ausgebildet sein sollte, bevor es das Haus verlässt. Ich kenne Väter, die zu denken scheinen, dass sie Geld sparen, indem sie ihren Töchtern nicht erlauben, damit umzugehen.

Aber wenn ein vernünftiges Mädchen den Wert eines jeden Dollars kennengelernt hat, wird sie sehr viel vorsichtiger damit umgehen, wie sie den Dollar ausgibt.

Die meisten Mädchen erhalten erst dann die Möglichkeit, mit Geld umzugehen, wenn sie erwachsen sind. Daher lernen viele nie den wahren Wert des Geldes kennen oder wissen nicht, wie sie es am besten ausgeben können. Sie sind im Hinblick auf Sparsamkeit unterentwickelt. Während ihrer Schulzeit zahlt der Vater nicht nur für die Kleidung der Tochter, sondern die Mutter entscheidet in der Regel, woraus die Kleidung bestehen soll. Mit anderen Worten: Anstatt der Tochter während der Schulzeit ein Taschengeld zu geben oder sie in die Lage zu versetzen, etwas zu verdienen, worüber sie sprechen kann, und sie zu lehren, ihr Urteilsvermögen zu gebrauchen und ihren Geschmack bei der Auswahl dessen, was sie trägt, zu kultivieren, um so ihre Eigenständigkeit zu entwickeln und sie so selbstständig wie möglich zu machen, wird das durchschnittliche Mädchen dazu erzogen, sich in all diesen Dingen an ihre Eltern anzulehnen und nicht daran gewöhnt, mit eigenem Geld umzugehen oder darüber Buch zu führen. So geht sie oft mit sehr wenig praktischem Sinn für Geldangelegenheiten in ihr eigenes zuhause. Tausende von Mädchen heiraten in diesem schwachen und hilflosen Zustand, und es kommt zu vielen Unstimmigkeiten im eigenen Hausstand, die diesen oft ruinieren. Wie kann ein Mädchen, das praktisch keine Ausbildung im Umgang mit Geld hat, dessen Wert kennen, - auf einmal ein kluger Finanzverwalter werden, wenn sie verheiratet ist?

Wenn ein Mädchen, das in einem sehr strengen Zuhause aufgewachsen ist, das vielleicht überbehütet und überbeschützt wurde, ihre neu gewonnene Freiheit, ihr neues Gefühl der Befreiung von Einschränkungen spürt, wird sie natürlich zu extravaganten Ausgaben verleitet und oft von ei-

27

nem liebevollen, nachsichtigen Ehemann ermutigt, der bestrebt ist, alles zu tun, was er kann, um ihr zu gefallen.

Ich kenne einen bedauerlichen Fall dieser Art, bei dem die Frau eines jungen Hochschulprofessors in Kaufhäusern, bei Mietställen und sogar bei Blumenhändlern Konten führte, ohne zu wissen, was sie da tat. Ihre neu gewonnene Freiheit, weg von den Fesseln eines anspruchsvollen, geizigen Vaters, bedeutete für diese junge Frau eine Lizenz zum Geldausgeben, und sie wusste nicht, wie vorsichtig sie mit der Ausgabe des kleinen Professorengehalts ihres Mannes sein musste. Sie hörte nicht auf zu bedenken, dass ihr Vater für ihre Einkäufe keine Schecks mehr schicken würde und dass ein Professorengehalt nicht beliebig viele Theater- oder Opernkarten zuließen. Ehe sie sich versah, hatte ihr Verhalten zu großen Kontosalden geführt und nicht nur ihren Ehemann mehrere Jahre lang in Verlegenheit gebracht, sondern sie hatte auch große Demütigungen und Ärgernisse erlitten.

Als die Rechnungen einzutreffen begannen und die junge Frau aufwachte und sich ihrer Situation voll bewusst wurde, verpfändete sie, anstatt es ihrem Mann zu sagen, ihren Schmuck, darunter auch einige ihrer Hochzeitsgeschenke. Aber der Ehemann fand das heraus und war nicht nur sehr schockiert über den Zustand der Dinge, sondern war auch ernsthaft beunruhigt wegen der Täuschung seiner Frau, auch wenn dies nicht absichtlich geschah.

Die Welt verlangt von jedem Einzelnen, dass er es versteht, für sich selbst zu sorgen, unabhängig und selbständig zu sein, sich klug aus eigener Kraft zu finanzieren und das Beste aus seinem Einkommen zu machen. Es gibt für den Menschen nichts Wichtigeres, als nicht nur seinen eigenen Lebensunterhalt verdienen zu können, sondern auch zu wissen, wie er sein Geld bestmöglich einsetzen kann, denn davon hängt seine Fähigkeit ab, sich unabhängig zu machen und folglich seine beste Arbeit in der Welt zu leisten.

Einer der ersten Schritte, um seine Finanzen richtig zu verwalten, ist die Führung eines persönlichen Geldkontos. Dieses gehört zu den besten Erziehern und Lehrern des Wirtschaftswesens und Wirtschaftssystems. Wenn sich diese Gewohnheit in jungen Jahren herausbildet, wird sie nie gebrochen werden. Es wird finanzielle Kompetenz im späteren Leben bedeuten, andererseits würde es sonst vielleicht nicht dazu kommen.

Nur sehr wenige junge Frauen und Mädchen wenden beim Umgang mit ihrem Geld Geschäftsmethoden an. Nun ist die Selbstfinanzierung eine der ersten Lektionen in der Wissenschaft des Erfolgs. Wenn Sie sich nicht selbst auf eine besonnene, kluge Art und Weise finanziell tragen können, können Sie sicherlich nicht Ihre eigenen Angelegenheiten oder die eines anderen klug verwalten. Unvernünftige Methoden und ein unkluger Umgang mit Geld werden bei Ihrem Arbeitgeber oder Ihrem Ehemann einen schlechten Eindruck hinterlassen. Wenn Sie in Ihren eigenen Angelegenheiten nicht sparsam sind, wenn Sie diese nicht geschäftsmäßig handhaben, werden andere es als selbstverständlich hinnehmen, dass Sie in der Handhabung ihrer Angelegenheiten ineffizient sind.

Wie auch immer Sie Ihren Lebensunterhalt verdienen, ob durch die Arbeit Ihrer Hand oder Ihren Kopf, in einem Gewerbe oder Beruf, zu Hause oder im Geschäft, ob Ihr Einkommen klein oder groß ist, **Sie werden immer benachteiligt sein, es sei denn, Sie wissen, wie Sie selbst für ihr Leben erfolgreich finanziell aufkommen können.** Dabei geht es nicht darum, "nah dran" zu sein, schikanös oder geizig, sondern darum zu wissen, wie Sie das Beste aus Ihrem Einkommen machen können; nicht darum, die Marge, die Sie sparen sollten, in dummen Extravaganzen auszugeben oder dumme Investitionen zu tätigen. Lassen Sie Ihren Leitspruch so sein, wie er auch für unsere Nation gilt, - "Wirtschaften".

V. Die Kunst des Sparens ist die Kunst des klugen Ausgebens.

"Wirtschaft ist keine Schikane, sondern das planvolle Handeln zur Befriedigung von Bedürfnissen."

Vor einigen Jahren gaben unsere Zeitungen einem gewissen reichen Mann Raum, der mit seiner eigenen Arbeit, aber auch mit der Arbeit anderer viel Geld verdient hatte, und der es auf seine sehr törichte Art ausgab. Der veröffentlichte Bericht enthielt das folgende Telegramm aus Indianapolis:

"Frank Fox aus Pittsburgh machte Station im Hotel English und trocknete sein Gesicht mit einem 50-Dollar-Schein. Er warf den Schein auf den Boden und holte dann aus einem Bündel unter seinem Arm eine Handvoll Fünfziger und Hunderter heraus. Er warf sie auf die Theke und sagte: "Barkeeper, geben Sie mir einen Drink, schnell, oder ich werde dieses Hotel kaufen und Sie feuern lassen. "

Das Schicksal dieses Mannes kann man sich leicht vorstellen. Über seine Vorgeschichte weiß ich nichts, außer dass durch seine Energie sein Vermögen angehäuft wurde. Um einen solchen Reichtum zu erreichen, muss ein gewisses Maß an Sparsamkeit seinerseits wie auch der anderer notwendig gewesen sein. Aber dass er nie die wahre Bedeutung von Sparsamkeit gelernt hat, ist sicher, denn Sparsamkeit lehrt sowohl, wie man vernünftig ausgibt als auch wie man spart. Viele Menschen haben Geld angehäuft, die nicht wissen, wie sie es klug ausgeben sollen.

Erst vor Kurzem hörte ich von einem jungen Mann, dem ein großes Vermögen hinterlassen wurde und der so berauscht war von der törichten Idee, ein großer Finanzexperte zu sein, dass er rechts und links in alle möglichen Wertpapiere investierte. Er verstrickte sich so sehr in die Machenschaften gerissener Promoter, die seine Leichtgläubigkeit schnell entdeckten, dass er, ehe er sich versah, sein gesamtes Vermögen in riskante Wertpapiere angelegt hatte. Er dachte wirklich, er würde Geld verdienen, bis der Absturz kam. Als er scheiterte, stellte sich heraus, dass in der gesamten Liste seiner Wertpapiere kaum etwas von echtem Wert zu finden war. Es gab kaum ein Wertpapier, bei dem ein besonnener Geschäftsmann auch nur einen Dollar riskiert hätte.

Die meisten jungen Männer haben den Ehrgeiz, Geld zu verdienen. Es liegt ein persönlicher Stolz darin. Das hängt mit ihrer Eitelkeit zusammen. Sie glauben, dass mit einem jungen Mann, der kein Geld verdienen kann, etwas nicht stimmt. Das Motiv für das Geldverdienen ist so stark, dass sie sich nach Kräften darum bemühen, es zu bekommen; aber sie bemühen sich nicht in gleichem Maße, es zu behalten, denn es gibt tausendundeine Versuchung, die sie dazu bringen möchte, es aufzugeben.

Ein Selfmade-Millionär sagt mir, dass nicht einer von hundert derer, die in New York Geld verdienen, es behalten kann. Das ist vielleicht übertrieben, aber wir alle wissen, dass vergleichsweise wenige in der Lage sind, das zu behalten, was sie verdienen. Die Anreize, sich vom Geld zu trennen, sind sehr verlockend für diejenigen, die nicht stark auf Selbstkontrolle bedacht sind.

Ein bekanntes Opfer mangelnder Sparsamkeit ist der liebenswürdige, unbekümmerte, großherzige, liberale Mann. Er ist immer bereit, für das Mittagessen, für das Abendessen und für die Getränke zu bezahlen. Sein Anflug von Großzügigkeit ist so stark ausgeprägt, dass alles so schnell verschwindet, wie er es bekommt. Er scheint nicht an Geld festhalten zu können.

Dieser Typ Mann hat oft die besten Absichten, die besten Impulse, und doch ruiniert er diejenigen, die von ihm abhängig sind, ebenso wie sich selbst, indem er nicht für ihre Zukunft sorgt. Fast jeder kann Geld von ihm bekommen, wenn man ihn darum bittet, falls er welches hat. Wenn er es nicht zufällig hat, leiht er es sich oft für seine Freunde. Ich kenne einen Mann dieser Art, der ohne diesen einen Mangel wahrscheinlich sehr erfolgreich gewesen wäre. Er hat viele herzliche Freunde; jeder, der ihn kennt, liebt ihn, doch er hat es nicht geschafft, Kapital anzuhäufen, und seine Familie, die ihm wirklich am nächsten und liebsten steht, ist das Opfer seiner Verschwendungssucht. Ein solcher Mann könnte durchaus eine Lektion von Goldsmith erhalten, der schrieb:

"Ich hatte aus Büchern gelernt, uneigennützig und großzügig zu sein, bevor mir aus Erfahrung beigebracht wurde, dass man **umsichtig** sein muss ... Oft vergaß ich die Regeln der Gerechtigkeit, indem ich selbst mit meinen knappen Finanzen bis zum Exzess wohltätig war, und versetzte mich in die Lage des Unglücklichen, der mir für meine Großzügigkeit dankte." Und dieser Mann, der weder sich selbst noch anderen etwas abschlagen konnte, ermahnte seinen Bruder, seinem Sohn Sparsamkeit und Wirtschaftlichkeit zu lehren. "Das Beispiel seines armen verirrten Onkels möge ihm vor Augen geführt werden."

Jedem sollte beigebracht werden, was Geld wert ist und wie man es klug ausgibt. Wenn Menschen dieses Wissen nicht in der Jugend erwerben, tun sie es später im Leben nur selten.

Es gibt keine menschliche Fähigkeit, die vom einfachen Volk mehr vernachlässigt wird als die Besonnenheit. Männer greifen voraus und verdienen Geld, aber nachdem sie es bekommen haben, scheinen die meisten von ihnen macht-

33

los zu sein, es zu behalten. Es rinnt ihnen auf unglaubliche Weise auf alle möglichen törichten Arten durch die Finger. **Die Kunst des Sparens ist im Wesentlichen die Kunst des klugen Ausgebens.** Oftmals ist das, was wie Extravaganz erscheint, die größtmögliche Einsparung. Es gibt viele Familien, vor allem in kleineren Städten und auf dem Land, die zwar Autos besitzen, aber keine Badewanne im Haus haben, und letzteres als teuren Luxus betrachten.

Wir würden die Menschen nicht davon abhalten, Automobile zu besitzen, denn sie sind ein wertvoller Segen für das amerikanische Heim, und sie bringen Erleichterung in die eintönige Existenz von Frauen und Kindern und Gesundheit, Abwechslung und Freude für eine große Zahl von Menschen, die bisher ohne diese Segnungen auskommen mussten; aber Reinlichkeit steht nicht nur neben Frömmigkeit, sie ist Frömmigkeit, und die meisten von uns betrachten eine Badewanne als wichtige Ergänzung zur Sauberkeit. Die Zivilisation brauchte viele Jahrhunderte, um die Badewanne als Notwendigkeit statt als Luxus zu begreifen. Die meisten von uns stellen fest, dass das tägliche Bad eine wunderbare Gesundheits- und Leistungsfördererin ist und das Leben verlängert.

Das Großartige daran, Ausgaben zu tätigen, ist, aufwärts zu streben, in sich selbst zu investieren. Geben Sie sich nicht damit zufrieden, Seide und Diamanten am Körper zu tragen, in Ihrer Limousine herumzufahren und den Geist in Kattun und den Charakter in Lumpen zu kleiden. Lassen Sie Selbstvervollkommnung, Selbstkultur, einen gesunden Geist, eine feine Persönlichkeit Ihr reichstes Kleid sein. Geben Sie Ihr Geld und Ihre Zeit für Dinge aus, die Bestand haben. Geben Sie sie auf eine Art und Weise aus, die Sie zu einem größeren, großartigeren, wahrhaftigeren Mann oder Frau macht. Es ist unendlich befriedigend, für das Höhere statt für das Niedrigere auszugeben, in sich selbst zu investieren, sich selbst zu verbessern.

Investieren Sie in die besten Dinge. Es ist das Ausgeben für das Höhere, das Aufstrebende, das Wohnen in Rechtschaffenheit, in Unkompliziertheit, das Leben, das sich lohnt, das wirkliche Leben, das aufrichtige Leben, das echte Leben, das die größte Befriedigung bringt.

Ja, es gibt Menschen, die ein sehr geringes Einkommen haben, und doch geben sie es es auf alle möglichen törichten Arten aus. Sie nehmen ihren letzten Pfennig, um teuren Schnickschnack und Kleidungsstücke zu kaufen, die sich nur die Wohlhabenden leisten können, und dann leiden sie wegen des Fehlens wirklicher Notwendigkeiten des Lebens.

Ich kenne eine herausragende Frau, die im Luxus erzogen wurde, ohne den Wert der Dinge zu kennen, und die jetzt arm ist. Noch vor Kurzem ging sie auf den Markt und kaufte die größte Auswahl an Esswaren für den Tisch, wohl wissend, dass sie um die hohen Kosten zu bestreiten, auf notwendige Kleidungsstücke verzichten musste. Sie hält es für bedauerlich, nicht eine große Menge und eine große Vielfalt an Lebensmitteln auf dem Tisch zu haben. Diese Frau, wie auch viele andere, die bisher rücksichtslos für Lebensmittel und Luxusgüter ihr Geld ausgegeben haben, nehmen jetzt Unterricht in Sparsamkeit von unserer weisen Organisation.

Die meisten Menschen nehmen keine Rücksicht auf die enormen Anreize, die die ganze Zeit am Werk sind und versuchen, ihnen ihr Geld abzuknöpfen. Unzählige vermeintliche Wünsche zerren ständig an der Brieftasche, und wenn wir die Prinzipien der Selbstkontrolle und der Vorsicht und Umsicht nicht beherrschen, wenn wir kein gutes Urteilsvermögen entwickeln, wird uns das Geld entgleiten.

35

In unserer großen Armee der Versager, in unseren Armenvierteln oder bei den karitativen Organisationen gibt es auch heute noch eine Vielzahl von Menschen, die ziemlich unabhängig wären, wenn sie die Kunst des klugen Geldausgebens gelernt hätten. "Ein eingesparter Penny statt eines vernünftig ausgegebenen Pennies ist ein verschwendeter Penny", wird gesagt. "Warum sich nicht an das Gleichnis von den Talenten erinnern und daraus Weisheit lernen?"

VI. Unter falscher Flagge segeln.

Viele Menschen, die ehrlich im Geschäftsverkehr sind, sind unehrlich in ihrem gesellschaftlichen Auftreten. Sie tragen alle Arten von Lügen auf, verhalten sich entsprechend, um andere in Bezug auf ihren Rang in der Gesellschaft zu täuschen. In den Städten sehen wir oft Häuser, die nur mit einer dünnen Schicht hochwertiger Steine an der Vorderseite gebaut sind, während der Rest aus alten, gebrauchten Ziegelsteinen besteht – oder allem, womit man die Fassade füllen kann - die Art von Architektur, die vorne Queen Anne und hinten Mary Ann genannt wurde.

Wir stellen Glänzendes hinter die Frontfenster und stellen unsere kostspieligen Einrichtungsgegenstände im vorderen Teil des Hauses aus, aber wir finden oft alle möglichen billigen, schäbigen, heruntergekommenen Dinge im hinteren Teil des Hauses. Unsere Charaktere in diesen Tagen sind unseren Häusern sehr ähnlich. Wir stellen unser bestes Selbst vor die Öffentlichkeit. Wir sind nicht durch und durch echt.

Den falschen Schein zu wahren, ein falsches Leben zu führen, ist höchst demoralisierend. Der Versuch, die Leute glauben zu machen, dass es einem besser geht, als es wirklich ist, wirkt wie ein Bumerang, der mit einem tödlichen Rückschlag zurückschlägt.

Eine New Yorker Frau mit hohen sozialen Ambitionen verlor vor nicht allzu langer Zeit ihr Zuhause und ihren gesamten Besitz in ihrem Bemühen, ihre Töchter in die mondäne Gesellschaft einzuführen. Die Familie hätte bequem von ihrem bescheidenen Einkommen leben können, wäre die Mutter nicht weit über ihre Verhältnisse gegangen in ihrem Eifer, ihre Töchter in die Gesellschaft derer zu zwingen, die in Sachen Wohlstand sozial weit über ihnen standen. Sie gab viel Geld für schicke Vergnügungen aus, um ihre Mädchen zur Geltung zu bringen. Tausende von Dollars wurden verschwendet, um schöne Kleider, Hüte, Spitzen und allerlei teure Prachtstücke für sie zu kaufen, damit sie ebenso strahlend glänzen konnten, wie andere junge Damen, die das Hundertfache ihrer finanziellen Mittel hatten. In einem wahnsinnigen Versuch, den Schein weit über ihr Einkommen hinaus aufrechtzuerhalten und ihren Töchtern, wie sie es sich erhofft hatte, reiche Ehemänner zu sichern, geriet sie hoffnungslos in Schulden und wurde in den Bankrott getrieben, und die Töchter, anstatt die Preise zu gewinnen, um die sich ihre Mutter bemüht hatte, sind jetzt gedemütigt und niedergeschlagen, da sie nicht einmal ein Zuhause haben.

Mütter unter gewöhnlichen Umständen unternehmen oft enorme Anstrengungen, um ihre Töchter mit reichen Männern zu verheiraten, wobei sie sich kaum bewusst sind, dass sie ihre Mädchen auf diese Weise mit ihrer bescheidenen Umgebung unzufrieden machen und sie dazu bringen, ihr bescheidenes Zuhause als langweilig, als einen Ort zu betrachten, der so weit wie möglich gemieden wird. Sie wissen nur wenig darüber, dass es diese Befriedigung der Eitelkeit ist, die so viele Mädchen ruiniert und sie zu egoistischen, unzufriedenen, verschwenderischen Ehefrauen macht.

Der Versuch, eine gute Fassade aufzubauen, den Schein zu wahren, den wir uns nicht leisten können, hat eine düstere Stimmung des Unglücks und des Elends über Tausende von Familien gebracht, die ohne Neid, ohne dummen falschen Stolz, sehr glückliche Familien hätten sein können. Es gibt mehr Elend und Unzufriedenheit unter den vielen Menschen, die Logen und teure Plätze im Theater und in der Oper besetzen, als unter denen, die sich überhaupt keinen Platz leisten können.

Ich kenne Frauen, die das Leben immens genießen, die sich nicht einmal die billigsten Plätze in der Oper leisten können, aber sie kehren von kulturellen Veranstaltungen glücklich strahlend nach Hause zurück, während man in den teuersten Opern-Logen oft andere Frauen sieht, deren Gesichter die Anschlagbretter sind, auf denen ihre Unzufriedenheit angezeigt wird.

Würden Sie nicht lieber in gewöhnlicher Kleidung und in einer Straßenbahn ins Theater gehen, als modisch gekleidet zu sein, in einer Luxuslimousine zu fahren, in einer Loge zu sitzen und sich den ganzen Abend Sorgen zu machen, weil Sie sich das nicht leisten können und sich fragen, wie Sie Ihre Rechnungen bezahlen wollen?

Wer kann das Leid, die menschlichen Tragödien einschätzen, die aus diesen immerwährenden Anstrengungen resultieren, den Schein wahren zu wollen, über seine Verhältnisse zu leben? Es gibt heutzutage überall auf der Welt viele Menschen, die nicht genug zu essen haben und die zu Hause allen möglichen Arten von Sparzwängen unterliegen, nur um den Schein in der Gesellschaft zu wahren.

Welch gewaltige Fortschritte könnten wir in Dingen erreichen, die wirklich zählen, wenn wir diese Energie aufwenden würden, welche die Anstrengungen kosten, den Schein zu wahren, um uns zu verbessern, in echter Selbstkultur, im Aufstieg des Mannes, im Aufstieg der Frau!

Warum sollte es so viel Mut erfordern, das Leben zu leben, das wir uns leisten können, aufrichtig und wahrhaftig zu sein und uns nie davor zu fürchten, was unsere Nachbarn denken? Sogar diejenigen, die wohlhabend sind, werden für diese Unabhängigkeit mehr von uns halten.

Viele Menschen verkürzen ihr Leben, indem sie sich überarbeiten, sich ohne Urlaub oder Abwechslung abmühen, den Schein zu wahren, die Vorstellungen anderer zu befriedigen, was man tun und haben sollte.

Ich habe junge Menschen beobachtet, die diese Art von Leben führen, und es ist eine seltene Sache, dass einer von ihnen sich gut entwickelt. Ihre Schwäche, ihre Neigung zur Zurschaustellung, wächst mit ihnen, und wenn sie einmal auf den Geschmack dessen kommen, was sie die "guten Dinge des Lebens", den Luxus, nennen, entwickeln sie eine Unzufriedenheit mit ihrem bescheidenen Zuhause. Sie denken sofort, dass sie aus ihrer Sphäre heraus geboren wurden; dass es eine Schande für Menschen mit einer Vorliebe für Luxus ist, arm zu sein. Sie denken nie, dass sie ehrliche Anstrengungen unternehmen sollten, um einen wohlhabenderen Zustand herbeizuführen.

Tatsache ist, dass extravagante Gewohnheiten unvereinbar sind mit der Sparsamkeit, die für den Erfolg in jeder Karriere notwendig sind. Es muss eine grundlegende, saubere Sparsamkeit in der Natur vorhanden sein, eine Veranlagung, das Beste aus allem zu machen und jeden Dollar so weit wie möglich zu nutzen und so viel wie möglich zu sparen, ohne sich in Bequemlichkeiten zu verstricken oder niederträchtig zu sein.

Die Menschen, die sich in Extravaganzen stürzen, um mit den Familien der Reichen Schritt zu halten, übersehen, **dass hinter jedem ehrlichen Vermögen Sparsamkeit steckt.** Wenn wir nachforschen, werden wir im Allgemeinen feststellen, dass die Vorfahren dieser Reichen hart arbeiteten, sparsam lebten und sparsam wirtschafteten, um den Grundstein für das Vermögen zu legen.

Unsere wirklichen Wünsche sind sehr einfach. Wir könnten sie alle erfüllen, wenn wir nur einen sehr kleinen Teil unserer Zeit arbeiten würden; aber es sind die Dinge, die für die Augen der anderen bestimmt sind, die so teuer sind, die unser Lebens-Blut kosten, die unsere Energie aufzehren, die die enorme Lebensbelastung, die nervöse Niedergeschlagenheit, die Lähmung, das frühzeitige Altern verursachen.

Ah! was für Tyrannen die Augen anderer sind! Wie wir unter ihrem Blick zucken! Was für eine seltene Sache ist es, einen Menschen zu finden, der groß genug und frei genug ist, um wirklich natürlich zu sein.

Wie viele Menschen leben und kleiden sich und posieren und ertragen alle möglichen Unannehmlichkeiten und Sklavenarbeit, nur um ihre Nachbarn zu beeindrucken! Tun sie, was sie wollen, sie können den Augen der anderen nicht entkommen. Sie haben kostspielige Vorhänge an ihren Fenstern, während hinter ihnen Schmutz, Unordnung und heruntergekommene Möbel stehen.

Die meisten von uns posieren immer, sind Schauspieler, aber nie ganz sie selbst. Wir können uns des Bewusstseins nicht entledigen, dass andere uns anschauen und dass wir uns gut in Szene setzen müssen. Der Anzug, der Hut müssen weggeworfen werden, nicht weil sie unansehnlich geworden sind, sondern weil andere es seltsam finden könnten, dass wir sie nicht ersetzen. Es ist traurig, daran zu denken, dass solche Leichtfertigkeit existiert, solange die Welt blutend am Boden liegt!

Die Gesellschaft ist demoralisiert, wenn die Menschen weit über ihre Verhältnisse leben, wenn sie unter falscher Flagge segeln, viele von ihnen unter dem Fluch der Verschuldung, wobei sie oft zu Methoden greifen, die an Kriminalität grenzen, um die elende Täuschung aufrechtzuerhalten, reicher zu erscheinen, als sie sind.

"Der Lebensstandard unter den Reichen ist übermäßig angehoben, und diejenigen, die für reich gehalten werden möchten, versuchen, dem Beispiel der großen Kapitalisten und Magnaten zu folgen, die bis heute das sind, was die indischen Nabobs für das England Georgs III. waren", sagte ein Schriftsteller. "Menschen, die über ihre Verhältnisse leben, sind versucht, zu spekulieren, und die Konkursmeldungen zeigen das unvermeidliche Ergebnis." Ein Kurs des einfachen Lebens und des hohen Denkens wäre gut für die Moral der Gesellschaft und gut für den legitimen Handel.

Warum sollte man nicht den Realitäten gerecht werden, indem man das schlichte Leben lebt, das natürliche Leben, indem man die Masken ablegt und das ist, was man zu sein scheint? Dieses ständige Bemühen, den Anschein zu erwecken, was man nicht ist, dieses Aufbauen eines oberflächlichen Charakters, das Aufrechterhalten eines trügerischen Anscheins, wird das Leben mit Betrug durchtränken, und nichts als Unzufriedenheit hinterlassen.

Haben Sie keine Angst davor, das abzulehnen, was Sie sich nicht leisten können. Wagen Sie es, mit Nachdruck "Nein" zu sagen, Sie selbst zu sein. Begnügen Sie sich damit, dass andere sich zum Narren machen, wenn sie wollen.

VII. Der Ruin durch Rivalität.

Vor nicht allzu langer Zeit hörte ich einen New Yorker Geschäftsmann mit einem kleinen Einkommen sagen: "Ich habe keine Ahnung, wie man sich in den Hintergrund drängt, wenn es darum geht, eine gute Fassade aufzubauen". Er sagte, dass sein Einkommen es nicht rechtfertige, ein Oberklasse-Auto zu unterhalten, aber er sei verpflichtet, eines zu haben, weil seine Nachbarn und andere ein solches hätten, und er habe nicht vor, sich von ihnen übertreffen zu lassen; er wolle nicht, dass seine Kinder gedemütigt würden, weil sie sich nicht leisten könnten, was andere hätten, und so sei er in eine Kreditschuld geraten, die ihn für Jahre zum Sklaven gemacht habe.

In New York und anderen Großstädten gibt es Tausende von Menschen, die auf die unnatürlichste Weise um ihr Überleben kämpfen und kämpfen, die verzweifelt unglücklich sind wegen des Kontrastes zwischen ihrem Zustand und dem derer, die sie beneiden. Ich glaube nicht, dass es auf der Welt einen Ort gibt, an dem Neid eine so herausragende Rolle spielt wie in einer Großstadt.

So viele Menschen scheinen zu denken, dass es fast eine Schande ist, nicht das zu haben, was andere Menschen, die sie kennen, haben. Wenn andere ein Oberklasse-Auto haben, müssen sie eines haben, ob sie es sich leisten können oder nicht. Töchter von Menschen in beengten Verhältnissen denken, dass sie die gleichen schönen Dinge zum Anziehen haben müssen wie ihre Freunde, die sich diese vielleicht unendlich viel mehr leisten können. Ich kenne junge Leute, die sagen, dass sie lieber zu Hause bleiben, als irgendwo hinzugehen, es sei denn, sie können sich so anziehen wie andere und so gehen wie andere.

Ein junger Mann in Ausbildung, der zweihundert Dollar pro Woche erhielt, erzählte mir, dass es ihn an einem Abend hundertfünfzig Dollar kostete, mit einer jungen Frau in ein Konzert zu gehen und danach zu Abend zu essen. Ein anderer junger Bursche, der nur achtzig Dollar pro Woche bekam, erzählte mir, dass er häufig fast die Hälfte dieses Betrags ausgab, um eine junge Frau ins Theater auszuführen. Weil ihre anderen Freunde dies tun konnten, meinte er, er müsse es auch tun. Überall sehen wir Menschen in normalen Verhältnissen, die die Reichen nachäffen.

Viele von uns sind so sehr Sklaven dieser Nachahmung anderer, dass sie keine Zeit für Freundschaften haben, keine Zeit für das gesellschaftliche Leben, keine Zeit für den wahren Genuss, für die Dinge, die sich wirklich lohnen.

Ich kenne eine Mutter, die keine großen Ambitionen für sich selbst hat, und sie ist durch ihre bescheidenen Verhältnisse nicht besonders gedemütigt oder persönlich sehr beeinträchtigt, aber sie ist wegen ihrer Tochter sehr betrübt und gedemütigt. Sie trauert darüber, dass ihr Kind nicht haben kann, was andere Mädchen haben, von denen sie weiß, dass sie mit Sportwagen fahren oder ihre Tochter zu Fuß gehen muss, wenn andere Mädchen Dienstmädchen haben, die sie bedienen, und Luxusautos, die sie überall hinbringen, wohin sie wollen.

Sie sagt, es bricht ihr das Herz, wenn sie daran denkt, dass ihre attraktive Tochter billige, gewöhnliche Kleidung tragen muss, während andere Mädchen, die nicht halb so attraktiv sind oder es nicht verdient haben, sich auf die extravaganteste Weise kleiden und teuren Schmuck tragen, und dass etwas grausam falsch ist an einer Gesellschaft, die ihre Tochter dazu zwingt, den ganzen Tag in einem Büro zu arbeiten, anstatt ein bequemes Leben mit Dienern und Geld nach Belieben zu führen.

Diese Frau hat den Verstand ihrer Tochter so vergiftet, indem sie auf diese Weise vor ihr spricht, und sie sie dazu erzogen hat, ihr bescheidenes Heim und ihre Umgebung zu verachten, dass das Mädchen nichts, was sie hat, zu schätzen weiß. Wie ihre Mutter vergleicht sie ihren beschränkten Zustand immer wieder mit dem luxuriösen Zustand anderer. Die Mutter hat den Kopf des Mädchens mit Unsinn darüber gefüllt, dass sie sich über alle Maßen bemüht, eine Geldheirat einzugehen, um auf diese Weise dazu beizutragen, die erschöpfte Familienkasse wieder aufzufüllen. Sie sagt ihr, dass, egal wie ehrlich oder fleißig ein junger Mann auch sein mag, wenn er kein Geld hat, wenn er eine Frau nicht im Luxus unterstützen kann, sollte sie nichts mit ihm zu tun haben. In ihrem verzweifelten Bemühen, ihre Tochter mit jemandem zu verheiraten, der Geld hat, bezweifle ich sehr, dass sie irgendwelche Fragen über den Charakter eines wohlhabenden Verehrers stellen würde.

Anstatt lebhaft, fröhlich, glücklich, optimistisch zu sein, wie alle jungen Menschen von Natur aus sind, ist die Tochter zynisch, sarkastisch über alles und beschwert sich immer über ihr hartes Los. Sie scheint nie etwas zu genießen, was sie hat. Sie ist immer billig und schäbig, sieht nie richtig aus. Ihr Hut ist ein "billiges Ding"; sie "hasst es".

Glück ist eine geistige Einstellung, es ist der Zustand des Geistes, nicht der Zustand des Portemonnaies, und die Natur hat es dem Glück außerdem unmöglich gemacht, in komplexen, komplizierten, neidischen Zuständen zu leben.

Wenn Sie aus dem richtigen Holz geschnitzt sind, werden Sie nicht zulassen, dass andere Menschen Ihren Seelenfrieden oder Ihr Glück zerstören. Wenn Sie das doch tun, ist das ein Beweis für Schwäche; es zeigt, dass Sie eine törichte Eitelkeit haben.

Die Erfüllung unserer selbstsüchtigen Begierden, das Stillen unserer Gelüste, erhöht nur unseren Seelenhunger. "Das Verlangen ist so unersättlich, wie seine Forderungen erfüllt werden."

Die Menschen hungern und zermürben ihr Leben und hemmen ihre Entwicklung durch ihre falsche Einstellung zum Leben. Sie töten jede Freude und verderben ihr Glück durch ihren eigenen Neid, ihre Eifersucht und ihren falschen Ehrgeiz.

Es ist nicht so sehr unser Mangel an Komfort oder Luxus, als vielmehr unser Neid, unser Egoismus, unsere falschen Maßstäbe, die uns unglücklich machen.

Viele von uns vermissen die Freuden, die die eigenen sein könnten, indem wir unsere Augen auf andere Menschen gerichtet halten. Niemand kann seine eigenen Glückschancen genießen, während er auf die eines anderen neidisch ist. Wir verlieren einen großen Teil der Lebensfreude, wenn wir die kleinen Freuden, die jeden Tag auf uns zukommen, nicht freudig annehmen, sondern uns nach dem sehnen und uns das wünschen, was anderen gehört.

Warum erfreuen wir uns nicht an unserem eigenen bescheidenen Auto und sehnen uns nicht nach den luxuriösen "Twin-Six", die ein anderer besitzt? Warum sollten wir uns die Freude an unserem eigenen kleinen Heim nehmen lassen, während wir die palastartige Residenz unseres Nachbarn beobachten? Versuchen wir, Genugtuung aus einer Fahrt mit öffentlichen Verkehrsmitteln hinaus aufs Land oder aus einer Fahrt auf einem Flussdampfer zu ziehen, und beneiden wir nicht den Mann, der den Luxus eines eigenen Reisewagens oder einer eigenen Yacht genießen kann. Gewöhnlich werden Sie feststellen, dass er oder einer seiner Angehörigen für diese Vergnügen hart gearbeitet hat.

"Viele Menschen beneiden die Besitztümer der Reichen", sagt Samuel Smiles, "aber sie gehen nicht durch die Risiken, die Mühen oder die Gefahren, die mit dem Erwerb dieser Besitztümer verbunden sind. Es ist ähnlich wie beim Herzog von Danzig, als ein alter Kamerad, den er seit vielen Jahren nicht mehr gesehen hatte, ihn in seinem Hotel in Paris aufsuchte und über den Luxus seiner Gemächer, den Reichtum seiner Möbel und die Pracht seiner Gärten, zu staunen schien. Der Herzog, der annahm, im Gesicht seines alten Kameraden ein Gefühl von Neid zu erkennen, sagte zu ihm unverblümt: "Du darfst alles, was du siehst, für dich haben, unter einer Bedingung." "Welche ist das?', fragte sein Freund. Es ist, dass du dich zwanzig Schritte entfernt hältst und mich hundertmal mit einer Flinte auf dich schießen lässt. "Zu diesem Preis werde ich dein Angebot sicher nicht annehmen." "Nun", antwortete der Herzog und Marschall, "um all das zu bekommen, was du vor dir siehst, habe ich im Krieg mehr als tausend Schüsse auf mich überlebt, die aus nicht mehr als zehn Schritten Entfernung abgefeuert wurden."

Ein Mädchen, das in New York wegen Landstreicherei verhaftet worden war, wurde von einem Richter gefragt, was die Ursache dafür sei, dass sie in diese Art von Leben abgedriftet sei. Sie antwortete: "Ich wollte mich wie andere Mädchen kleiden, aber ich konnte es nicht."

Eine New Yorker Frau in der Zeit vor ihrer Mutterschaft prahlte damit, dass sie zweihunderttausend Dollar pro Jahr für Kleidung ausgab. Sie sagte, dass sie jedes Jahr viele Kleider habe, die mehrere Tausend Dollar kosten, dass ihre Schuhe sie fünfhundert Dollar pro Paar kosteten, wobei das Leder ganz importiert und passend zu jedem ihrer Kleider gefärbt sei. Sie rechtfertigte diese Extravaganz mit der Begründung, dass dadurch sehr viele Menschen eine Beschäftigung erhielten.

Diese Frau hat vielleicht nie aufgehört, über den demoralisierenden Einfluss ihres Beispiels auf arme Mädchen nachzudenken. Wie viele sind zu Extravaganz verleitet, die sie sich nicht leisten können, machen sich zu Sklavinnen oder sind versucht, unmoralisch zu leben, indem sie versuchen, Menschen ihrer Art nachzumachen?

Keine größere Täuschung hat sich je in den Kopf einer reichen Frau eingeschlichen, als dass diese mutwillige Extravaganz mit der Begründung gerechtfertigt wird, dass sie Arbeit gibt. Tausende von Mädchen werden jedes Jahr wegen des demoralisierenden Einflusses genau solcher Beispiele ruiniert, abgesehen von den Scharen, die unglücklich gemacht werden, weil sie diese Dinge nicht bekommen können.

Keine reiche Person hat das Recht, ein Beispiel zu geben, das andere demoralisiert. Unsere Rechte auf Extravaganz hören dann auf, wenn sie anderen schaden. Keine Frau hat das Recht, ihren Reichtum in den Gesichtern armer Mädchen zur Schau zu stellen, die durch ihr törichtes, extravagantes Beispiel unglücklich gemacht werden.

VIII. "EIN EIGENER HAUSSTAND."

Im Herzen des durchschnittlichen jungen Menschen liegt der Wunsch nach einem eigenen Heim. Leider sehen die meisten Menschen nicht die Hindernisse, die der Verwirklichung dieses Wunsches im Wege stehen. "Ein eigenes Zuhause!" Um dieses Thema herum gibt es viele süße Träume von Kaminfeuerfreuden, aber wir fangen in unserem Streben falsch an.

Wie oft verbringen junge Männer mit kleinen Gehältern und beschränkten Einkünften ihre Tage als Werber verschwenderisch! In ihrer jugendlichen Inbrunst schicken sie dem Objekt ihrer Hingabe teure Pralinen, teure Blumen im Winter und anderen Luxus außerhalb der Saison; und, ohne Rücksicht auf die Kosten, mieten sie große Autos für Theater- und Musicalbesuche, auch wenn preiswertere Fahrzeuge zur Verfügung stünden. All diese Dinge behindern den jungen Mann, der sich ein eigenes Heim schaffen will. Er fängt nicht richtig an. Er vermittelt seiner zukünftigen Frau einen falschen Eindruck. Teure Pralinen und Blumen und kostspielige Vergnügungen lassen ein vernünftiges Mädchen nicht mehr von Ihnen halten, mein Freund; sie wird oft weniger von Ihnen halten, vor allem wenn sie weiß oder sogar vermutet, dass Sie sich den Aufwand nicht leisten können! Das zeugt nicht von einem besonnenen Kopf, gutem Urteilsvermögen und solider finanzieller Klugheit Ihrerseits.

Ich habe Mädchen oft sagen hören, dass es ihnen leidtut, dass ihre männlichen Freunde so viel Geld für sie ausgegeben haben, weil sie wussten, dass sie es sich nicht leisten können; aber sie sagten ihnen das nicht gerne. Vor einigen Jahren kannte ich einen jungen Mann, der ein Gehalt von etwa hundertfünfzig Dollar pro Woche verdiente, der für eine junge Frau, die er bewunderte, teure Rosen kaufte und auf sein Mittagessen verzichtete, um für sie zu sparen. Ich habe ihn kennen gelernt, wie er, als das Objekt seiner Hingabe auf Reisen war, in eine entfernte Stadt telegrafierte, um durch eine Floristin Blumen in ihr Hotel bringen zu lassen! Ungeachtet dieser törichten Ausgabe versäumte er es, bei der jungen Frau den Eindruck zu hinterlassen, den er zu hinterlassen glaubte. Sie stellte fest, dass er nicht ausgeglichen war, und nachdem er viel Geld ausgegeben hatte und sich bei dem Versuch, sie zu gewinnen, finanziell ernsthaft in Verlegenheit gebracht hatte, weigerte sie sich, ihn zu heiraten.

Wäre die Lüge in seinem Werben angemessener gewesen, hätte die Lüge vielleicht Erfolg gehabt, aber die junge Frau wusste, dass er sich die extravaganten Dinge, die er tat, nicht leisten konnte, und sie verlor das Vertrauen in ihn.

Die Versuchungen, mit vollen Händen auszugeben, sind so verlockend, dass es für einen jungen Mann von gewöhnlicher Selbstbeherrschung sehr schwer ist, dem zu widerstehen und sein Geld zu sparen. Dagegen ist es sehr leicht, vor allem in einer Großstadt mit all ihren Verlockungen, das lose Kleingeld für Zigaretten, für Getränke, Kinokarten, Abendessen in teuren Restaurants und Hotels und für alle möglichen Vergnügungen auszugeben. Das sind die Dinge, die es verhindern, dass sich die ersten zehntausend Dollar ansammeln, die so wichtig für die Grundlage allen zukünftigen Erfolgs und Glücks sind.

Wenn Sie Ihre Träume wirklich wahr werden lassen wollen, schließen Sie mit sich selbst einen Pakt, um jede Woche einen bestimmten Betrag von Ihrem Gehalt zu sparen.

Es ist eine großartige Sache, immer irgendeinen Gegenstand im Blick zu haben. Es gibt keinen Besseren als den, seinem Land zu helfen, indem man alles in Staatsanleihen und Sparbriefe investiert, was man kann. Verzichten Sie in

Krisenzeiten auf den Luxus und die Extravaganzen früherer Tage und zeigen Sie auf diese Weise Ihren Patriotismus. So können Sie vielleicht nicht nur Sparsamkeits- und Wirtschaftsgewohnheiten entwickeln, sondern auch die Heimstatt, die Sie sich vorgestellt haben, in die Realität umsetzen.

Ein wenig Geld in Reserve ist ein großer Ermutiger, ein ständiger Ansporn zum Ehrgeiz. Das Bewusstsein, dass wir in der Welt vorankommen, dass wir den Grundstein für die Heimat unserer Träume legen, ist ein gewaltiges Motiv, das auf wunderbare Weise unseren Mut, unsere Fähigkeit und unsere Effizienz steigert.

Sparsamkeit ist der Anfang des Erfolgs. Sie legt ein Fundament unter Ihr Luftschloss. Sie baut das "eigene Heim", auf das sich jeder gesunde, ehrgeizige junge Mensch als Höhepunkt seiner Hoffnungen freut.

Wer kann je ermessen, was das Sparen für ein Heim für die Menschen bewirkt hat! Diese glorreiche Vision hat eine große Zahl von Männern und Frauen in ihren Bann gezogen und sie davon abgehalten, tausend verlockenden Angeboten für ihr Geld nachzugeben.

Zu lernen, wie man an Geld festhalten kann, ohne schikanös oder geizig damit umzugehen, ist eine große Kunst. Alles, was die Gewohnheit des Sparens in unserer maßlosen Gesellschaft hervorruft, ist ein Segen. Unsere ganze Tendenz geht in Richtung einer schändlichen Geldverschwendung, einer schamlosen Extravaganz in der Lebensführung und im gesellschaftlichen Leben. Ganz gleich, wie gering Ihr Einkommen auch sein mag, es sollte eine Grenzlinie Ihrer Ausgaben deutlich übersteigen, und ohne geizig zu sein, halten Sie sich so weit wie möglich unterhalb dieser Ausgabengrenzlinie.

Erst kürzlich hörte ich einen jungen Mann, der damit prahlte, dass er ein hohes Gehalt erhielt, aber noch nie in seinem Leben auch nur einen Cent gespart hätte, und dass er oft am Ende der Woche im Rückstand war und sich Geld leihen musste. Nun stellen Sie sich einen jungen Mann vor, der sich damit brüstet und dennoch erwartet, in der Welt vorwärts zu kommen, ein eigenes Haus zu besitzen, für etwas in seiner Gemeinschaft einzustehen, ein wichtiger Mensch unter seinen Mitmenschen zu sein!

Die meisten Menschen sind sich ihrer finanziellen Situation viel zu sicher. Sie erwarten nicht die Notfälle wie Krankheit, Unfall, geschäftliche Angelegenheiten, Ortswechsel, Verluste, die z.b. Krisensituationen mit sich bringen oder die durch Aufruhr, Panik und Brände verursacht werden. Wie viele Tausende von Menschen essen heute die bittere Frucht der Armut, des mahlenden Mangels, sind obdachlos, geldlos, die, wenn sie in ihren produktiven Jahren nur ein wenig Geld in die Sparanlage gesteckt hätten, ein gutes Zuhause, Bequemlichkeit und Zufriedenheit gehabt hätten!

Überall sehen wir Menschen, die mit gebeugten Schultern, gezeichneten Gesichtszügen, Sklaven einer Hypothek oder anderer Schulden durchs Leben gehen, die ihnen das Leben rauben und sie vorzeitig alt werden lassen, obwohl sie eigentlich in der Blüte ihres Lebens stehen sollten. Man kann immer die Hypothek aus den hässlichen Falten, die sie in ihren Gesichtern hinterlassen hat, herausblicken sehen. Hätten sie Sparsamkeit als Wegbegleiter ihres Lebens gewählt, wie anders wäre ihr Schicksal verlaufen.

Gibt es etwas Erbärmlicheres, als so viele Männer und Frauen zu sehen, die das mittlere oder spätere Lebensalter erreicht haben, ohne Haus und Geld, ohne Ersparnisse für schlechte Zeiten, ohne Perspektiven und ohne Beruf? Eltern sind oft an einem Großteil dieses unglücklichen Zustands schuld, weil sie ihren Kindern nicht früh die Grundsätze der Ökonomie eingeimpft haben, weil sie in ihren frühen Berufsjahren nicht die Gewohnheit des Sparens eingeführt haben.

Wenn Sie fünfzig oder mehr Jahre alt sind, mein junger Freund, wird der Dollar für Sie ganz anders aussehen als jetzt, wo die Jahre kurz sind, die Zukunft vielversprechend ist und Sie sich großer Erfolge so sicher sind. Wenn Sie sich der Mitte Ihres Lebens nähern, wird Ihr Geldbesitz neue Werte annehmen.

Ein Mensch kann sich selbst nicht respektieren, wenn er die Dollars, von denen er weiß, dass sie gespart werden sollten, durch seine Finger gleiten lässt. Oh, die Trauer, das Leid, das Zehntausende von Menschen in ihren Herzen tragen, die zu spät erkennen, dass sie zu viel Geld vernichtet oder vergeudet haben, um ein Heim zu schaffen oder ein Unternehmen zu gründen, um ihre Unabhängigkeit zu sichern, um für ihr Alter vorzusorgen!

Auf Schritt und Tritt sehen wir Menschen, die nie in der Lage waren, in der Welt voranzukommen, einfach weil sie nicht bereit waren, frühzeitig Opfer zu bringen oder Mühsal und Entbehrungen zu ertragen, um gute Investitionen für die Zukunft zu tätigen. Sie konnten ihre Wünsche nicht zurückhalten, sie mussten sich amüsieren, sie mussten kaufen, was sie wollten, auch wenn sie sich dafür verschulden mussten.

Es ist unmöglich abzuschätzen, welchen enormen Nutzen Sparkassen und Versicherungen der Menschheit gebracht haben. In Zehntausenden von sehr bescheidenen Häusern finden wir das Licht der Hoffnung und des Jubels, ein Gefühl der Sicherheit, weil es dort Versicherungspolicen gibt. Die Geschichte so mancher Lebensversicherung, wie sie das Haus vor der Hypothek gerettet hat, wie sie Geschäftsleute in die Lage versetzt hat, neu anzufangen, nachdem ihr Eigentum verloren ging oder ihr Geschäft von einer Panik weggefegt wurde, würde sich wie eine Romanze lesen.

Eine Lebensversicherungspolice hat oft den Unterschied gemacht zwischen Heim und kein Heim, Essen und kein Essen! Sie hat viele Männer vor der Demütigung des völligen Scheiterns bewahrt und vielen Familien die Schande erspart, aus ihrem Heim vertrieben zu werden.

Viele Menschen, die heute arm sind, kein Zuhause haben und von der Hand in den Mund leben, haben einst genug verdient, um unabhängig zu werden, wenn sie nur ihren Verdienst mit Vernunft gehütet hätten.

Ich kenne keine andere Gewohnheit, die mit der früh entwickelten Gewohnheit des sparsamen Wirtschaftens vergleichbar wäre; nicht die Gewohnheit des Geizens oder des Knauserns. Sparsamkeit ist dagegen die Gewohnheit, vernünftig zu leben und Geld klug auszugeben, es klug zu verwalten und unsere inneren Angelegenheiten klug zu regeln. Eine vorsorgliche Ehefrau kann ein solches System der Haushaltssparsamkeit aufbauen, dass in Verbindung mit den Bemühungen ihres Mannes das Familienbudget innerhalb kurzer Zeit bemerkenswert große Ausmaße annehmen wird und der Besitz eines eigenen Hauses zu einer festen Tatsache werden kann.

In der Kritik an unseren amerikanischen Hausfrauen ist immer wieder gesagt worden, dass eine französische Hausfrau eine Familie mit dem ernähren würde, was eine Durchschnittsfamilie wegwirft. Vor Jahren sagte ein großer Wirtschaftswissenschaftler, Edward Atkinson, dass in den Vereinigten Staaten allein die Verschwendung durch schlechtes Kochen über zehn Milliarden Dollar pro Jahr beträgt. Und unsere Verschwendung und Maßlosigkeit hat in jeder Richtung zugenommen.

Die Armen wären schockiert, wenn man ihnen sagen würde, dass sie verschwenderischer sind als die Wohlhabenden. Dennoch ist es so. Die durchschnittliche arme Frau in Amerika zum Beispiel weiß selten, wie sie Nahrungsmittel für die Familie wirtschaftlich einkaufen kann. Sie weiß nicht, wie die Französin, wie sie die preiswerten Fleischstücke kaufen und sie so kochen kann, dass sie genauso schmackhaft und nahrhaft sind wie die teureren. Sie weiß auch nicht, wie sie bei anderen, ebenso wichtigen Details sparen kann.

Als Amerika in den Krieg eintrat, haben sowohl unsere Wohlhabenden als auch unsere Haushälterinnen Lektionen in Wirtschaft gelernt. Mr. Hoover und seine Armee von Assistenten im Lebensmittelministerium in Washington und im ganzen Land zeigten die Notwendigkeit, auf jede erdenkliche Art und Weise zu sparen, und lehrten die Menschen aller Schichten, wie man das macht. Hausfrauen wurden über den Wert von Lebensmitteln unterrichtet und lernten, wie man am besten und sparsamsten kocht; es wurden preiswerte, aber nahrhafte Menüs vorgeschlagen, und so wurde den Frauen gezeigt, wie sie aus den Resten, die früher in den Mülleimer fielen, eine gute Mahlzeit zubereiten konnten.

Frauen aller Bevölkerungsschichten wurden in Bezug auf das Sparen von Lebensmitteln besonders ermahnt. Sie wurden gebeten, jedes Stück Fleisch, jede Brotkruste, ob altbacken oder nicht, und sogar die Krümel aufzubewahren; und Kartoffeln nicht zu schälen, sondern sie mit der Schale zu kochen. Den Menschen wurde auch geraten, so viel wie möglich ihre alte Kleidung zu tragen, anstatt neue zu kaufen, denn man sagte uns, dass unsere Sparsamkeit zum Sieg des Krieges beitragen würde. Noch nie zuvor in der Weltgeschichte wurde das Thema Wirtschaft und die Notwendigkeit zur Sparsamkeit so allgemein betont. Noch nie zuvor wurde uns in diesem Land das Wort Wirtschaft so beharrlich durch die Presse, durch Plakate, durch die Kanzel, durch Flugschriften, durch Vorträge - auf jede erdenkliche Art und Weise - ins Ohr geflüstert.

Haben Sie diese große Lektion verinnerlicht?

IX. "WER SPARSAM SÄT, WIRD AUCH SPARSAM ERNTEN".

So zahlreich wie die Maximen, die zur Sparsamkeit mahnen, so zahlreich sind auch die, die vor falscher Sparsamkeit warnen.

Ein Spruch frei nach Salomo: "Es gibt das, was verteilt wird und doch zunimmt; und es gibt das, was mehr gespart wird, als es wert ist, doch das neigt zur Armut."

Andere Sprüche lauten: "Sparen am Zapfhahn und Verschwendung am Spundloch", "Das Schiff verderben, um einen Cent Teer zu sparen" und viele andere häusliche Sprichwörter spiegeln den gesunden Menschenverstand in Bezug auf Formen der falschen Wirtschaft oder falschen Sparsamkeit wider, die eher zu Verlust als zu Gewinn führen.

Es gibt Menschen, die viel mehr unschätzbare Zeit damit verschwenden, mit kleinlichen Methoden ein wenig zu sparen, als die Dinge, die dabei gerettet werden, wert sind. Ich kenne einen Geschäftsmann, der seine Mitarbeiter aus Prinzip dazu bringt, die Schnur von Paketen zu sammeln, auch wenn das Sparen doppelt so lange dauert, wie die Schnur wert ist. Auch der Geschäftsmann, der versucht, Strom zu sparen, hält seinen Laden so dunkel und schmuddelig, dass er die Kundschaft verliert. Er erkennt nicht, dass ein gutes Licht die beste Werbung und wichtig für ein florierendes Geschäft ist.

Beim Versuch, auf kleinliche Weise zu sparen, scheitern Tausende von Menschen daran, die größeren Dinge zu tun, die für sie möglich sind. Sie entwickeln eine Art Sparwahn, eine Manie für kleine Einsparungen, ohne sich dessen bewusst zu sein, dass sie Gefahr laufen, ihren Geist zu verkümmern und ihr Wirtschaftswachstum in Richtung auf größere Ziele zu ersticken.

Sie können es sich nicht leisten, auf Kosten der Geisteskraft, auf Kosten der Wirtschaftlichkeit zu sparen. Dies ist Ihr Vorrat an Handelsgütern - die Maschinen und Apparate, mit denen Sie Ihre Zukunft gestalten müssen. Manipulieren Sie nicht an Ihrer kreativen, produktiven Fähigkeit. Halten Sie Ihre Standards unter allen Umständen aufrecht. Dies wird Sie in die Lage versetzen, das Maximum Ihrer Möglichkeiten zu erreichen, denn es hält Sie bei guter Gesundheit und in einem Zustand, in dem Sie sich des größten, vollkommenen Glücks erfreuen können.

Nichts überrascht einen jungen Mann mehr als das wunderbare Funktionieren dieses Gesetzes: "Denn wer da hat, dem wird gegeben werden, und er wird noch mehr Überfluss haben."

Was für eine wunderbare Kraft steckt in diesem Gesetz der Vermehrung. Es liegt alles darin, die richtige Auffassung von Wirtschaft zu haben, klug zu investieren, den Geist auf den Überfluss zu richten, den Gedanken des Überflusses, statt den Geist des begrenzten, engen, falschen Wirtschaftsgedankens in sich zu tragen.

"Wer sparsam sät, wird sparsam ernten" trifft auf den Geschäftsmann ebenso zu wie auf den Landwirt. Weises Wirtschaften bedeutet oft eine sehr liberale Ausgabenpolitik.

Ich kannte einmal einen Mann, der beim Abtragen eines alten Gebäudes, um Platz für ein neues zu schaffen, einen Teil des alten Fundaments bestehen ließ, weil er dachte, er könne so mehrere tausend Dollar sparen. Das neue Gebäude war mehrere Stockwerke höher als das alte, aber schon wenige Wochen nach seiner Fertigstellung begann es stark zu bröckeln, und bevor irgendein Bewohner einzog, stürzte das ganze Gebäude ein. Überall in allen Bereichen des menschlichen Strebens sehen wir die fatalen Auswirkungen des Versuchs, an den Fundamenten zu sparen.

IX. "WER SPARSAM SÄT, WIRD AUCH SPARSAM ERNTEN".

Der junge Mann, der in der Vergangenheit auf seine Ausbildung verzichtete, der es nicht für lohnend hielt, sich auf eine große Karriere vorzubereiten, weil er nicht glaubte, dass er ein großer Mann werden würde; der junge Mann, der sich die leichten Probleme in der Schule herauspickt und die schweren überspringt, der auf dem Weg des geringsten Widerstandes entlanggleitet, der sich damit brüstet, dass er in der Schule der Lehrer bestmöglich ausschmierte, indem er seinen Unterricht vernachlässigte, sich drückte, indem er in seinen Prüfungen schummelte. Man hat auch von dem jungen Mann gehört, der nicht bereit war, den Preis zu zahlen, der nicht bereit war, seinen Wunsch nach Vergnügen zu opfern, um sich zu qualifizieren. Er ist in seiner Karriere durch seine Unwissenheit gehandicapt und durch seine mangelnde Qualifikation aufgehalten worden. Die große Versagerarmee ist voller menschlicher Wracks, deren Aufbauten aufgrund ihres oberflächlichen, fehlerhaften Fundaments einstürzten.

Ich kenne einen Mann, der immer wie ein Sklave gearbeitet hat. Er hat sich schon früh selbstständig gemacht, aber er war ständig benachteiligt, weil er in seiner Jugend dachte, es sei töricht, so viel Zeit mit der Schaffung eines schulischen Fundaments zu vergeuden und deshalb das Gymnasium vorzeitig verließ und sich selbstständig machte. Wegen seines begrenzten Wissens, seines schmalen, eingeengten Fundaments war er gegenüber seinen Konkurrenten, die es für lohnend hielten, gut informiert zu sein und ein breites, tiefes Fundament zu legen, immer im Nachteil. Das Ergebnis war, dass sein ganzes Leben in Mitleidenschaft gezogen wurde, und er hat nie etwas erreicht, was er ohne diesen großen Mangel hätte erreichen können. Er hätte sich nie träumen lassen, dass die in seiner Jugend übersprungenen Probleme, die vernachlässigten Aufgaben, in seinem reifen Mannesalter wieder auftauchen würden, wie Banquos Geist, um sowohl seinen Erfolg als auch sein Glück zu verderben. Deshalb hat dieser Mann in seinen späteren Jahren sehr schmerzhaft und sehr unvollkommen versucht, das zu tun, was er schon in seiner Jugend so leicht hätte tun können. Das Ergebnis all dessen war eine begrenzte Karriere. Der Mann ist mehrmals gescheitert, weil er eine Karriere wählte, die nicht zu seiner mangelnden anfänglichen Ausbildung passte.

Hätte er nicht versucht, an seiner Grundausbildung zu sparen, hätte er sich großzügig auf den Beruf vorbereitet, den er wählte, und hätte er nicht einen so großen Teil seines Lebens damit verbringen müssen, sein Handicap, seinen Mangel zu überwinden, um seine Grundausbildung nach dem Aufbau des Überbaus zu stärken, dann hätte er Zeit gehabt, die Dinge zu tun, die eine breite, liberale Männerwelt ausmachen, und wäre ein Mann von einiger Bedeutung geworden, ein Mann, der in seiner Gemeinschaft Gewicht gehabt hätte. So wie es aussieht, ist sein Leben so ausgehungert und eingeengt worden, dass er nie als ein Mann von großer Bedeutung galt.

Wie viele Eltern in ihrem Eifer, das Familieneinkommen zu erhöhen, berauben ihre Kinder eines College- oder Universitätsabschlusses und hetzen sie in die Wirtschaft, nur die Hälfte ist auf Aufstiegsmöglichkeiten vorbereitet, die sich ihnen später bieten! Sie können den Jungen oder das Mädchen nicht zur Schule oder Hochschule schicken, weil der "schlechte Zeitpunkt" eine Art Gespenst ist, das bei jeder Gelegenheit auftaucht, wann immer sie versuchen, etwas Freude oder Befriedigung aus der Gegenwart zu ziehen. Sie sparen immer für die Zukunft, verschieben die Dinge immer auf nächstes Jahr, und dieses "nächste Jahr" kommt nie.

Wie viele von uns sparen an ihren Freundschaften, indem sie sie vernachlässigen; sparen an ihrem sozialen Leben und beschwören sich selbst, dass sie es sich nicht leisten können, sich die Zeit für Besuche oder Besucher zu nehmen! Wir sparen am Urlaub, bis wir gezwungen sind, lange, erzwungene Pausen von den anstrengenden Pflichten unseres Geschäfts oder Berufs zu machen, weil die Maschinerie unseres Körpers, die so zart und wunderbar gemacht ist, so abgenutzt ist, dass sie an einem entscheidenden Punkt auszufallen droht!

Viele Menschen leben in solch ständigem Schrecken über den "falschen Zeitpunkt", dass sie die Gegenwart nicht genießen. Sie leugnen dies, und sie können es sich nicht leisten; sie verschieben ihr wirkliches Leben; heute existieren sie nur, in der Erwartung, morgen wirklich zu leben und sich zu erfreuen. Wenn sie tatsächlich einen kleinen Urlaub machen oder wenn sie überhaupt reisen, dann tun sie das auf eine Weise, die die meisten Vorteile, die sie sonst daraus ziehen würden, zunichte macht. Sie haben Angst davor, einen Cent für etwas anderes auszugeben als für den eigentlichen Fahrpreis und das Nötigste.

Ich kenne einen Geschäftsmann aus New York, der vor dem Krieg ins Ausland gereist ist und viele interessante Orte besucht hat, aber er war zu geizig, um in historische Häuser oder Gebäude zu gehen, in denen Eintritt verlangt wurde. Er besuchte zum Beispiel die Gebäude sehr berühmter Persönlichkeiten in verschiedenen Ländern, Gebäude, die von Tausenden von intelligenten Menschen, die diese Länder besucht haben, als Heiligtümer betrachtet werden, aber er betrat sie nie, weil er den Eintrittspreis nicht bezahlen wollte. Er sagte, er habe die Gebäude von außen gesehen, und das sei genug. Das Ergebnis ist, dass er, obwohl er viel gereist ist, nicht in der Lage ist, interessant oder auch nur intelligent über einen Ort zu sprechen, den er besucht hat.

Ich habe Leute kennengelernt, die zu geizig waren, Baedekers oder andere Reiseführer zu kaufen, und die nie auf die Idee kämen, einen menschlichen Reiseführer zu engagieren, um ihnen etwas zu zeigen, selbst an den historischsten Orten. Erscheint es nicht merkwürdig, dass Menschen so viel Geld für Reisen ausgeben und dann zu geizig sind, ein bisschen mehr Geld zu bezahlen, um genau die Dinge zu sehen, für die sie so weit gereist sind?

Manchmal ist Liberalität, die einem kleineren Mann als Extravaganz erscheinen würde, die beste Art der Wirtschaft. Freundliche Hilfe, Inspiration, kultivierte Bekanntschaften werden nie zu teuer erkauft, bei einem Preis, den man sich leisten kann, zu bezahlen. Alles muss am Ende im Hinblick auf das zu erzielende Gesamtergebnis bewertet werden.

Es geht nicht um die Frage, ob ein Mensch es sich leisten kann, hundert oder hundertfünfzig Dollar für einen Platz an einem eigens dafür vorgesehenen Banketttisch zu bezahlen. Er kann hundertfünfzig Dollar für sein Abendessen bezahlen, und er kann sich durch die Gesellschaft bedeutender Gäste inspirieren lassen, im Wert von tausend Dollar.

Solche Anlässe sind oft eine große Anregung für den Ehrgeiz. Sie bringen einen mit Personen in Kontakt, die über eine breitere Kultur und Erfahrung verfügen, und es ist eine kluge Ausgabe, alles in unserer Reichweite zu nutzen, was Kultur und Weitblick ausmacht.

Wie viel besser wäre es, wenn Sie es sich möglicherweise leisten könnten, dorthin zu gehen, wo die Spitzenvertreter Ihrer Branche zu Mittag oder zu Abend essen, als einen Ort zu besuchen, dessen Atmosphäre Ihnen nicht gefällt! Diese Gelegenheit für Bekanntschaften und freundschaftliche Beziehungen mit kultivierten Menschen würde sehr viel mehr wert sein als die paar Dollar, die Sie sparen, wenn Sie an einen billigeren Ort gehen.

Natürlich würde ich niemandem raten, seine Fähigkeiten zu kommerzialisieren oder zu versuchen, sein Gehirn mit Drahtziehermethoden zu verkaufen, aber ich rate denen, die Schwierigkeiten haben, weiterzukommen, die Bekanntschaft mit denen zu machen, die sie inspirieren und ihnen helfen können. Es ist ein enormer Ansporn für den eigenen Ehrgeiz, mit sparsamen, tatkräftigen Menschen in engen Kontakt zu kommen, die in der eigenen Branche erfolgreich sind. Wir sind eher in der Lage, uns selbst zu verbessern, unsere Ressourcen voll auszuschöpfen, wenn wir mit ihnen zusammenarbeiten. Solche Menschen kennenzulernen und sie zu kennen, ist eine der rentabelsten Investitionen, die ein junger Mensch tätigen kann.

Wenn man nach der größtmöglichen, vollendeten Lebenskraft strebt, abgerundet, vollmundig, breit, dann wird man jede Ausgabe zu diesem Zweck als die beste Art einer lohnenden Investition betrachten, und man wird sich nicht durch einen falschen Sinn für Sparsamkeit oder trügerische Vorstellungen von Extravaganz zurückhalten lassen.

Die Brieftasche zu füllen aber den Verstand auszuhungern ist ein ziemlich schlechtes Geschäft und immer ein Hinweis auf eine engstirnige Lebensauffassung, eine morbide Sicht der Dinge, eine verklemmte Mentalität. Die Welt ist voller reicher Leute, die von einem einfachen Leben sprechen, wenn sie das geizige Leben meinen und ihren Verstand aushungern.

X. Verschwendung von Zeit und Energie.

Der kluge Ökonom ist derjenige, der seine Zeit spart, der jeden Augenblick als kostbares Kapital betrachtet, das er nicht wegwerfen will, der seine Energie als göttliches Geschenk betrachtet, zu heilig, um es törichterweise zu vergeuden.

Die Welt ist voll von Menschen, die in Mittelmäßigkeit dahindümpeln, die genug Fähigkeiten haben, etwas Sinnvolles zu tun, wenn sie nur die Nebensächlichkeiten, das Unwesentliche, das ihre Zeit verschlingt und ihre Energie aufzehrt, loswerden würden.

Wer das Beste aus seinem Leben machen will, muss früh lernen, alle Kraftverluste zu stoppen. Die Verschwendung von Gelegenheiten, Zeit und Lebenskräften stellt die große Tragödie des menschlichen Lebens dar. Sie ist die Hauptursache für Unglücklichsein und Versagen. Manch ein Mann, der in Geldangelegenheiten zu geizig ist, vergeudet mit ängstlicher Verschwendung seine körperliche, geistige und moralische Energie und seine Zeit. Er verschmäht den Urlaub, weil er ihn als furchtbare Verschwendung kostbarer Stunden betrachtet, verliert den nötigen Schlaf bei der nächtlichen Arbeit am Schreibtisch und ist gleichgültig gegenüber regelmäßigem Essen. Solche Männer zahlen die Strafe in verminderter Vitalität und einer verkürzten beruflichen Laufbahn.

Viele sehr beschäftigte Menschen sind schändliche Verschwender von Zeit und Energie, einfach weil sie die niederen Dinge tun, wenn höhere möglich wären. Sie lesen ein schlechtes Buch, wenn sie ein besseres lesen könnten; sie vergeuden Zeit mit gewöhnlichen, ziellosen Freunden, wenn bessere möglich wären; sie vergeuden Zeit mit halbherzigen Dingen, mit Murks, Pfuscherei und Stümperei oder damit, dass sie Dinge "nur fürs Erste" tun, Dinge immer und immer wieder tun, weil sie beim ersten Mal nicht richtig gemacht wurden.

Ich kenne einen Geschäftsmann, der den Ehrgeiz hat, Großes zu erreichen, der aber so mit seinen Detailfragen beschäftigt ist, dass er sich nicht mehr von ihnen zu lösen scheint. Er versucht, sich mit seiner Arbeit zu beeilen, aber die kleinen, immerwährenden Details springen immer wieder hervor und rauben ihm einen so großen Teil seiner Zeit und Energie, dass die Arbeit des Tages immer enttäuschend ist, und er verlässt sein Büro nachts sehr unglücklich. Ein verwirrter Geist ist ein uneffektiver Geist.

Der verwirrte, aufgewühlte Verstand ist nicht nur ineffizient, sondern wird wahrscheinlich auch einige sehr törichte Dinge tun. Um sich davor zu schützen, ist es wichtig, dass man eine ruhige und ausgeglichene Geisteshaltung bewahrt.

Wenn Sie das nächste Mal von allen Seiten so unter Druck gesetzt werden, dass Sie nicht wissen, in welche Richtung Sie sich wenden sollen, halten Sie inne und machen Sie eine Bestandsaufnahme der zu erledigenden Aufgaben, und Sie werden feststellen, dass Ihr verwirrter Geist, der Ihre Vitalität rasch erschöpft, weitgehend darauf zurückzuführen ist, dass Sie geistig versuchen, viele Dinge gleichzeitig zu tun. Mit anderen Worten, das Gefühl des psychischen Drucks wird durch die ständige Vorausbesinnung auf die vor Ihnen liegenden Aufgaben hervorgerufen. Wenn Sie wissen, dass Sie sich immer nur um eine Sache kümmern können, warum schließen Sie dann nicht alles andere aus, bis Sie mit dieser einen Sache fertig sind, und nehmen dann die nächste und so weiter bis zum Ende, ohne zu versuchen, diese Dinge immer und immer wieder durch Vorausschau zu tun?

Wenn wir nur auf diese Weise lernen könnten, den Geist intensiv auf die Dinge zu konzentrieren, die wir tun, und alles andere auszuschließen, bis es an der Reihe ist, dann würden wir nie das Gefühl der Verwirrung und des Drucks haben, das Effizienz und Glück so sehr behindert.

In England wurde eine Uhr in einem Gebäude eingebaut, in dem viele Anwälte ihre Büros hatten, und in der Lobby und in den Korridoren war oft eine große Anzahl von Juristen versammelt.

Der Uhrmacher beauftragte einen seiner Mitarbeiter, einen Leitspruch für die Mammutuhr zu finden. Der Mann fragte den ersten Mann, den er traf, der, ohne zu wissen, worum es sich dabei handelte, antwortete: "Kümmern Sie sich um Ihre Angelegenheiten!"

Der Uhrmacher empfing den Leitspruch, wie ihn der Mitarbeiter überbrachte, mit einiger Überraschung; aber nachdem er einen Moment nachgedacht hatte, beschloss er, ihn zu verwenden. Er dient als stille Mahnung für die Müßiggänger, da er sich auf die Zeit bezieht, die so flüchtig ist wie die Sonnenstrahlen.

Die Menschen, die etwas erreichen, die große Dinge auf große Weise tun, schützen ihre ausführenden Fähigkeiten durch alle möglichen Vorkehrungen. Viele dieser Menschen beschäftigen Sekretärinnen als eine Art Puffer, um sich vor Leuten zu schützen, die ihnen ihre Zeit stehlen.

Wir mögen unsere Zeit nicht denjenigen missgönnen, die Ansprüche an uns haben oder die uns einen kompensatorischen Vorteil verschaffen, oder denen, die unsere Hilfe brauchen; aber es ist ärgerlich, gezwungen zu sein, eine halbe Stunde oder eine Stunde lang sitzen zu müssen und sich eine irrelevante Angelegenheit anzuhören, die uns nicht interessiert, nur weil wir nicht unhöflich erscheinen wollen.

Nicht nur im geschäftigen Büro finden wir diese Verschwender von Zeit und Energie, sondern auch bei uns zu Hause sind sie ebenso häufig anzutreffen. Die Partnerin wird inmitten ihrer häuslichen Aufgaben ans Telefon gerufen, um den neuesten Klatsch und Tratsch einer geschwätzigen Nachbarin zu hören, oder als Antwort auf die Türklingel erscheint eine freundliche Besucherin mit einer langatmigen Erzählung über Schwierigkeiten im Eheleben.

Einige der Besucherinnen kommen immer wieder vorbei, um mit der stark beschäftigten Ehepartnerin zu plaudern, die ihr Bestes versucht, ein wenig Zeit für die Dinge zu bekommen, die es wert sind. Diese untätigen, ziellosen Frauen sitzen und plaudern und plaudern und plaudern, bis die Gelegenheit verpasst ist, das zu tun, wonach sich die ehrgeizige, energische Ehepartnerin sehnte. Wenn solche Menschen nur die Kostbarkeit der Zeit, den großen Wert eines einzigen Tages erkennen würden, würden sie sie nicht so leichtfertig durch die Finger gleiten lassen oder so leichtfertig mit ihr umgehen.

"Es kann keine Sparsamkeit und keinen letztendlichen Erfolg geben, wenn die Stunde nicht an die Stunden und die Momente gebunden ist, die im großen Muster des Lebens eingewoben sind", sagt ein Schriftsteller über "Die Verschwendung des Lebens".

"Die Verschwendung von Zeit ist der größte Fehler und die zerstörerischste Kraft des Lebens. In den Trümmern liegt die Fülle der ungenutzten Möglichkeiten. Oh, welch ruinöse Verschwendung hat die Hoffnungen und Ambitionen der Menschen zunichtegemacht! Sie war der Urheber der Verzweiflung und sogar des Todes des Besten im Leben. Die größte Entdeckung des jungen Lebens ist der Wert der Zeit ... Der Wert, den ein Mensch auf die Momente des Heute legt, ist der Urheber alles Guten von Morgen".

Denken Sie an die Möglichkeiten, die in einem einzigen Tag wohnen! Denken Sie daran, was es für jemanden irgendwo bedeuten würde - für den Schöpfer großer Meisterwerke der Kunst und Wissenschaft!

Wenn Sie morgens aufbrechen, versuchen Sie einfach, sich den wunderbaren Wert dieses Tages vorzustellen. Denken Sie nur daran, was Sie daraus machen würden, wenn Sie wüssten, dass Sie nie wieder einen anderen haben würden - was jede Minute für Sie bedeuten würde! Wie Sie Werte in sie hinein packen würden! Jede Sekunde wäre kostbar.

"So gibt es Momente", sagt Dekan Alford, "die mehr wert sind als Jahre." Daran können wir nichts ändern. Es gibt kein Verhältnis zwischen Zeiträumen in Bezug auf Bedeutung oder Wert. Ein zufälliger, ungeahnter Zeitabschnitt von fünf Minuten kann das Ereignis eines Lebens enthalten. Und dieser alles entscheidende Moment - wer kann sagen, wann er auf uns zukommt?

Jeder Tag ist ein kostbares Geschenk - frisch, schön, erfüllt von großartigen Möglichkeiten. Verschwenden Sie ihn nicht in nutzlosen Handlungen und vergeudeten Energien, lassen Sie ihn nicht ungenutzt, schauen Sie nicht auf die Uhr und wünschen Sie ihn nicht weg. Werfen Sie ihn nicht weg; vergeuden Sie ihn nicht; töten Sie ihn nicht; denn in ihm steckt Ihr weiteres Leben.

XI. Die Gewohnheit des Sparbuchs.

"Säe eine Handlung und du erntest eine Angewohnheit, säe eine Angewohnheit und du erntest einen Charakter, säe einen Charakter und du erntest ein Schicksal".

Als der Bildungsrat von New York City beschloss, in den öffentlichen Schulen kleine Sparboxen einzurichten, um die Schüler zur Sparsamkeit anzuhalten, sagte Vizepräsident Greene: "Der Bildungsrat möchte die Schüler sowohl sparsam als auch vernünftig machen. Er will Anreize zur Verschwendung beseitigen und sie ermutigen, so lange auf ihre Pennys zu achten, bis ihre Ersparnisse einen Betrag erreicht haben, der es ihnen ermöglicht, individuelle Konten bei den Geldinstituten zu eröffnen. Gegenwärtig ermöglichen es ihnen die wenigen Pennys nicht, dies zu tun".

Auf diese Weise wurde Tausenden von jungen Menschen eine Chance gegeben und sie wurden ermutigt, die Gewohnheit des Sparbuchs zu entwickeln, was es vielen von ihnen seither ermöglicht hat, in Staatsanleihen zu investieren, und auf diese Weise helfen sie nicht nur sich selbst, sondern auch ihrem Land.

Wir dürfen die physische Grundlage der Gewohnheiten nicht übersehen. Es ist sehr schwierig, Dinge zu tun, die wir uns nicht zur Gewohnheit gemacht haben. Die Nerven, die die Muskeln steuern, sind vom Gehirn abhängig und reagieren auf seine Reaktionen, lernen seine Gewohnheiten und tun automatisch das, was das Gehirn sich zur Gewohnheit gemacht hat.

Wenn wir uns leichtsinnige, verschwenderische Gewohnheiten angewöhnt haben, Gewohnheiten, die uns in die entgegengesetzte Richtung ziehen, in die wir gehen wollen, dann müssen wir enorm viel Energie aufwenden, um gegen diesen Einfluss anzukämpfen; denn Gewohnheit ist unsere zweite Natur und hält uns genauso stark fest wie unsere ursprünglichen temperamentvollen Neigungen. Wir stehen dann vor dem enormen Nachteil, dass wir versuchen, neue Denkwege und neue Wege der Gewohnheit zu finden, während wir gleichzeitig versuchen, die tiefen Furchen zu verwischen, die tausend Wiederholungen im Gehirn und in den Nervenzentren bereits hinterlassen haben.

Praktisch gesehen ist die Gewohnheit für einen Menschen mittleren Alters Schicksal, es ist fast ausweglos sicher, dass sich das, was zwanzig Jahre lang jeden Tag getan wurde, auch anschließend wiederholen wird. Wir können uns vorstellen, dass wir eine schlechte Gewohnheit zu jeder Zeit ablegen können, aber es dauert gewöhnlich etwa doppelt so lange, eine Gewohnheit abzulegen, wie sie zu entwickeln.

Als Rip Van Winkle sagte: "Dieses eine Mal zählt nicht", gab er einer sehr verbreiteten Wahnvorstellung eine Stimme. Doch obwohl es ihm leicht fiel zu sagen, dass er diesen oder jenen Fehler nicht als seine alte Gewohnheit "zählen" würde, "zählten" es die Zellen des Gehirns; wie Prof. Janies sagte, jeder Nerv und jede Faser in seinem Organismus zählte es. Tief unten in seinen Nervenzentren gab es einen so lauten Ruf nach alkoholischen Stimulanzien, der so nachdrücklich war, dass Rip Van Winkle praktisch machtlos war, ihm zu widerstehen. Jeder Cent, den er hatte, und einige, die er nicht hatte, gingen für einen Drink drauf. Genauso ist es mit der Verschwendungssucht. Sie ist eine der am schwersten zu durchbrechenden und eine der ruinösesten Gewohnheiten, in die man verfallen kann. Andererseits ist die Sparbuchgewohnheit eine der besten Freundschaften, die ein Junge oder ein Mädchen, ein junger Mann oder eine junge Frau schließen kann.

XI. Die Gewohnheit des Sparbuchs.

Jedes Kind sollte mit einem noch so kleinen Sparbuchkonto ins Leben starten, und zu dieser Summe sollte ständig etwas hinzukommen, und sei sie noch so klein, und sei es nur, um ihm die Idee des Sparens und die größere Idee der Sparsamkeit einzupflanzen. Ein Kind sollte mit der Idee aufwachsen, dass es für seine Selbstachtung, seine Sicherheit absolut notwendig ist, ein wenig Geld zwischen sich und dem Konsum-Bedürfnis zu haben, etwas, das im Notfall als Schutz, als Puffer zwischen ihm und der anspruchsvollen Welt steht.

"Auf einem Bankkonto, auch wenn es kein großes ist, liegt ein wahres Hochgefühl", sagt Dr. C. H. Parkhurst. "Ein junger Bursche hatte vor Kurzem einen bestimmten Betrag, keine große Summe, auf einem Sparkonto gutgeschrieben bekommen. Das machte eine Etappe in seiner Lebensgeschichte aus, und als ein halbes Jahr später sein Sparbuch aktualisiert wurde und eine Zinsanhäufung von fünfzig Dollar und zweiundzwanzig Cent auswies, richtete es ihn drei Zentimeter über seine gewöhnliche Höhe auf, und er erklärte, er fühle sich, als gehöre er zur kapitalistischen Klasse und bewege sich in den Kreisen der Hochverdiener.

In dem Moment, in dem ein junger Mensch beginnt, systematisch zu sparen und den wahren Wert des Geldes zu schätzen, wird er notwendigerweise zu einem größeren Menschen. Er nimmt breitere Ansichten über das Leben ein. Er beginnt, eine bessere Meinung von sich selbst zu haben. Vertrauen tritt an die Stelle von Zweifeln, seine Ersparnisse sind der eigentliche Beweis dafür, dass er nicht nur in der Lage ist, Geld zu verdienen, sondern auch zu behalten, und wie bereits gesagt wurde, braucht man mehr Klugheit, um mit Geld umzugehen, als um es zu verdienen.

Tausende von Menschen haben den Tag, an dem sie ein Sparkonto eröffneten, mit dem Vorsatz gesegnet, regelmäßig einzuzahlen, denn dies brachte ein neues Motiv in ihr

71

Leben. Es entwickelte sich in ihnen die Gewohnheit der Sparsamkeit. Es lehrte sie viele Lektionen über verbesserte Geschäftsmethoden und ein besseres Urteilsvermögen aufgrund der erzwungenen Sparsamkeit und der Wirtschaft, die so abhängig von System und Ordnung ist.

Das Wissen, das er gewinnen konnte, hat so manchem jungen Menschen mehr Selbstvertrauen gegeben. Es hat ihn zu einem besseren Angestellten gemacht, und er wird dadurch mehr Verantwortung übernehmen.

All dies bedeutet, dass seine Verdienstmöglichkeiten erheblich gesteigert werden.

Es ist der "Mann mit der Gewohnheit des Sparens, der selten entlassen wird".

Nichts macht einen Geschäftsmann so absolut unabhängig wie bares Geld.

Schon der Ruf, immer einen guten Kontostand zu haben, zeigt einen klaren Kopf, ein gutes kaufmännisches Urteilsvermögen. Es ist eine großartige Sache, wenn man mit seiner Unterschrift für etwas steht - dass der Kredit nie infrage gestellt wird - dass alle sagen, man wird gut und schnell bezahlt.

Ein Schuljunge, der gebeten wurde, das größte Ereignis des Jahres zu nennen, sagte, es sei die Tatsache, dass er fünfhundert Dollar gespart habe. Die ersten fünfhundert Dollar, die er gespart hat, sind wirklich eines der wichtigsten Dinge in seinem Leben.

Es liegt eine unendliche Bedeutung in kleinen Ersparnissen. Sie sind die Keime eines größeren Vermögens. Viele Menschen wären überrascht über die enormen Anhäufungen, die in einem Leben durch das ständige und hartnäckige Sparen von kleinen Einlagen gemacht werden. Die Tendenz des vernünftig angelegten Geldes besteht darin, sich zu vermehren - je mehr man bekommt, desto schneller sammelt es sich an, so wie der Schneeball des kleinen Jungen, je mehr er ihn im Schnee rollt, desto größer wird er.

Ein paar Tausend oder zehntausend Dollar bei einer Bank haben oft den Unterschied zwischen Erfolg und Misserfolg ausgemacht. Ich kenne ein Unternehmen, das auf ein Vermögen von einhundertfünfzigmillionen Dollar geschätzt wird, das jedoch mangels fünfzigtausend Dollar Bargeld an die Wand gedrückt wurde.

Eine Bank von Rang und Namen muss einen Überschuss erwirtschaften. Jeder junge Mensch von Rang sollte einen Überschuss an Ersparnissen haben, egal wie klein dieser ist. Fangen Sie an. Fügen Sie immer wieder etwas hinzu.

Der Jugendliche, der nachlässig mit seinem Kleingeld umgeht, der glaubt, dass ein Nickel, ein Dime oder ein Quarter sehr wenig mit einem Vermögen zu tun hat, bildet eine Gewohnheit aus, die ihn auf Lebenszeit zum finanziellen Krüppel machen kann.

Die meisten Menschen, insbesondere junge Menschen, wissen den Wert kleiner Ersparnisse nicht zu schätzen. Sie denken, wenn sie einen großen Betrag hätten, würde es sich auszahlen, ihn auf die Bank zu bringen oder diese oder jene Investition zu tätigen, aber mit einem kleinen Betrag könnten sie nicht viel anfangen. Das Ergebnis ist, dass sie ihre kleinen Ersparnisse bei sich tragen, und das ist eine ständige Versuchung, das Geld auszugeben, denn es gibt immer eine Vielzahl von Möglichkeiten, sich des Geldes zu entledigen. Es ist sehr schlüpfrig.

Kürzlich beeindruckte mich die Bemerkung eines jungen Menschen, der sagte, er habe sein Geld mehrere Jahre lang lose in der Tasche getragen, und er habe festgestellt, dass es ihm so schnell entglitten sei, für alle möglichen Dinge, ohne die er hätte auskommen können, dass er nun das Experiment versuchte, sein ganzes Geld in einer Gürteltasche zu tragen. Das Ergebnis ist, dass es ihm viel leichter fällt zu sparen, denn er sagt, dass er Zeit zum Nachdenken hat, bevor er sein Geld aus der Gürteltasche holt, und dass er oft beschließt, nicht das zu kaufen, was er gekauft hätte, wenn sein Geld so griffbereit gewesen wäre, dass er es sofort hätte in die Hand nehmen können.

Die Spargewohnheit ist charakterbildend, denn wenn wir bereit sind, das Opfer zu bringen oder die Selbstbeherrschung zu üben, auf die flüchtigen Freuden für etwas Dauerhafteres zu verzichten, dann wird es immer sicherer, dass wir diese Ersparnisse, die so viel für uns bedeutet haben, nicht für dumme, leichtfertige Dinge verschleudern.

XII. GOLDENE REGELN DER WIRTSCHAFT

Vom Herausgeber zusammengestellt

1. WIRTSCHAFT ist keine Schikane, sondern das planvolle Handeln zur Befriedigung von Bedürfnissen.

2. KAPITAL ist der kleine Unterschied zwischen dem, was wir verdienen und dem, was wir ausgeben.

3. SPARSAMKEIT ist nicht Geiz, sondern VORSORGE und die Art wie man sein Geld klug ausgibt.

4. Falsche Sparsamkeit oder VERSCHWENDUNG ist, wenn das Eingesparte weniger Wert ist, als der Aufwand, und das führt zur Armut.

5. Ein kleiner Betrag, der regelmäßig über längere Zeit gespart wird, wächst zu einem VERMÖGEN heran.

6. Hinter jedem ehrlichen VERMÖGEN steckt kluge Sparsamkeit.

7. Man kann nicht auf Dauer mehr ausgeben, als man einnimmt.

8. Man kann das gleiche Geld nicht zweimal ausgeben.

9. VERTRAUEN genießt nur derjenige, der sein Geld vernünftig ausgibt, nicht aber derjenige, der es verschwendet.

10. GLÜCK ist eine geistige Einstellung, es ist der Zustand des Geistes, nicht der Zustand des Portemonnaies.

11. Wer es gelernt hat oder fähig ist, finanziell für sich selbst aufzukommen, gehört nicht zu den BENACHTEILIGTEN oder Unglücklichen der Gesellschaft.

12. Zeit ist kostbar. Nutze Sie die Zeit auf kluge Weise!

BUCHTIPPS

TOPPBOOK RATGEBER

Psychologische Verkaufskunst – Denk- und Handlungsweise, Vorgangsweise und Abschluss – Von William Walker Atkinson

Wie man seine Verstand benutzt – Und seine Willenskraft stärkt. - Ein praktisches Handbuch der Psychologie – Von William Walker Atkinson

Einfach logisch Denken – Die Gesetze des Denkens – Von William Walker Atkinson

Besseres Gedächtnis – Wie man es stärkt, trainiert und einsetzt – Von William Walker Atkinson

Anleitung zum Roman-Schreiben – Wie man anfängt, einen Plot entwickelt und eine gute Geschichte erzählt – Von Oliver J. Wilde

Wie man seinen 24Std-Tag organisiert – und mehr Zeit gewinnt für das wirkliche Leben – Von Arnold Bennett

Zeichnen für Einsteiger – Achtzehn Lektionen in naturalistischem Zeichnen – Von Dorotha Furniss

Der Weg zu Wohlstand und Reichtum – Goldene Regeln für den Aufbau einer selbstständigen Existenz – Von P. T. Barnum

Strahlende Kräfte durch positives Denken – Die Wurzeln des Erfolgs und Wege zum Glück – Von Emil Peters

ToppBook.de

Treibhauseffekt und Klimawandel
Energiewende, ja bitte, aber nicht wegen CO2
Klaus-Dieter Sedlacek (Hrsg.)
Paperback
124 Seiten
ISBN-13: 9783750413207
Verlag: Books on Demand
Sprache: Deutsch
Farbe: Ja

Zum Buchshop: